Claude Mossé

Der Prozeß des Sokrates

W0044467

HERDER spektrum

Band 4777

Das Buch
Athen 399 v. Chr.: Sokrates wird zum Tode verurteilt. Die Anklage
lautet, er habe die Götter der Stadt nicht geehrt und die Jugend ver-
dorben. Er hält eine flammende Verteidigungsrede, in der er für die
Freiheit des Individuums und für die Förderung von Tugend und
Wahrheit eintritt. Er provoziert die Richter und politischen Macht-
haber, indem er nicht nur einen Freispruch, sondern sogar eine
staatliche Ehrung fordert. Nach seiner Verurteilung wollen Freunde
ihm zur Flucht verhelfen. Doch Sokrates lehnt ab. Gelassen sieht er
dem Tod entgegen: „Aber nun ist es Zeit, daß wir gehen, ich um zu
sterben, ihr um weiter zu leben. Wer dem besseren Lose entgegen-
geht, das weiß keiner außer dem Gott." Sokrates folgt der Stimme
seines Gewissens und trinkt im Vertrauen auf die Unsterblichkeit
der Seele den Schierlingsbecher.
Eine Sternstunde der Freiheit ist gleichzeitig eine der dunkelsten
Stunden der Menschheit: Wie kam es, daß am Ursprungsort der demokratischen Freiheit gerade jener Mann verurteilt wurde, der mit
seiner ganzen Weisheit und seiner scharfsinnigen Intelligenz eben
diese Freiheit verteidigt hat? Claude Mossé bettet den Prozeß des
Sokrates in die turbulenten politischen Ereignisse der damaligen
Zeit ein. Sie zeigt anhand reichen Quellenmaterials und auch anek-
dotischer Berichte, daß der Prozeß und die Verurteilung politischer
Natur waren und nur vor dem Hintergrund der athenischen Niederlage im Peleponnesischen Krieg und der ideologischen Debatten um
eine wankende Demokratie zu verstehen sind. Mossé schildert einen dramatischen Prozeß, spannend durch die Hintergrundinforma-
tionen über die athenische Justiz, die Ankläger, Hintermänner und
Motive für die Anklage. Der Leser wird Zeuge der Geschichte eines
großen Denkers, dessen Person zwar ausgelöscht werden konnte,
dessen Ideen aber nicht aufzuhalten waren. Und das bis in die Ge-
genwart: „Kein Philosophieren heute ohne Sokrates" (Karl Jaspers).

Die Autorin
Claude Mossé ist Professorin für die Geschichte des Klassischen Al-
tertums in Paris. Sie hat zahlreiche Bücher über den Ursprung und
die Geschichte der griechischen Demokratie geschrieben. Auf
deutsch erschienen sind: *Der Zerfall der athenischen Demokratie*
(1979) und *Athen: Geschichte einer Demokratie* (1997).

Claude Mossé

Der Prozeß des Sokrates

Hintermänner, Motive, Auswirkungen

Aus dem Französischen von
Alwin Letzkus und Barbara Schmitz

Herder
Freiburg · Basel · Wien

Titel der Originalausgabe: Le Procès de Socrate
© Éditions Complexe, Brüssel 1987

Gedruckt auf umweltfreundlichem,
chlorfrei gebleichtem Papier

Deutsche Erstausgabe
Alle Rechte vorbehalten – Printed in Germany
© Verlag Herder Freiburg im Breisgau 1999
Satz: Barbara Herrmann, Freiburg
Druck und Bindung: Freiburger Graphische Betriebe 1999
Umschlaggestaltung: R · M · E, Roland Eschlbeck, Liana Tuchel
Umschlagmotiv: Gemälde von Louis David: Der Tod des Sokrates
ISBN 3-451-04777-2

Inhalt

Einleitung

Im Frühjahr des Jahres 399 können die Schüler des Philosophen Sokrates die Ankunft des aus Delos zurückkehrenden Schiffes, wohin man jedes Jahr eine heilige Gesandtschaft zu senden pflegte, um den Sieg des Theseus über den Minotaurus feierlich ins Gedächtnis zurückzurufen, nur schmerzvoll zur Kenntnis nehmen. Die Ankunft in Piräus bedeutet für sie, daß jenes Todesurteil, das vom Volkstribunal gegen den alten Mann ausgesprochen worden war, dessen Lehrstunden von den hervorragendsten jungen Menschen Athens besucht wurden, jenes Urteil, dessen Exekution gemäß dem Gesetz um einen Monat aufgeschoben worden war, nun in Kraft treten sollte. Am darauffolgenden Tag trank der Philosoph im Kreise seiner Schüler das tödliche Gift, und sein beispielhafter Tod sollte jahrhundertelang Bewunderung hervorrufen.

Sokrates war ein Bürger Athens, und Athen war eine Demokratie, die sich durch die Anerkennung zweier Prinzipien auszeichnete: die Gleichheit all jener vor dem Gesetz, die der bürgerlichen Gemeinschaft angehören, und die Freiheit, die jedem erlaubt zu leben, seine Kinder aufzuziehen und zu denken, was ihm beliebt. Diese Prinzipien waren in der Rede, die der Historiker Thukydides dem Mann zugeschrieben hatte, der als Symbolfigur dieser Demokratie angesehen wurde, nämlich Perikles, mit Nachdruck bekräftigt worden. Und ebenso wie an den so deutlich hervorgehobenen Prinzipien der Freiheit und Gleichheit machte Perikles die

Größe Athens an seiner herausragenden Rolle im Bereich der Kunst und des Denkens fest, die es zum Modell für die übrige griechische Welt werden ließ: *„Die Verfassung, nach der wir leben, vergleicht sich mit keiner der fremden; viel eher sind wir für sonst jemand ein Vorbild als Nachahmer anderer. Mit Namen heißt sie, weil der Staat nicht auf wenige Bürger, sondern auf eine größere Zahl gestellt ist, Volksherrschaft. Nach dem Gesetz haben in den Streitigkeiten der Bürger alle ihr gleiches Teil, der Geltung nach aber hat im öffentlichen Wesen den Vorzug, wer sich irgendwie Ansehen erworben hat, nicht nach irgendeiner Zugehörigkeit, sondern nach seinem Verdienst; und ebenso wird keiner aus Armut, wenn er für die Stadt etwas leisten könnte, durch die Unscheinbarkeit seines Namens verhindert. Sondern frei leben wir miteinander im Staat und im gegenseitigen Verdächtigen des alltäglichen Treibens, ohne dem lieben Nachbar zu grollen, wenn er einmal seiner Laune lebt, und ohne jenes Ärgernis zu nehmen, das zwar keine Strafe, aber doch kränkend anzusehen ist (...) Dann haben wir bei unsrer Denkweise auch von der Arbeit die meisten Erholungen geschaffen: Wettspiele und Opfer, die jahraus, jahrein bei uns Brauch sind, und die schönsten häuslichen Einrichtungen, deren tägliche Lust das Bittere verscheucht (...) Zusammenfassend sage ich, daß insgesamt unsre Stadt die Schule von Hellas sei ..."* (Thukydides, *Geschichte des Peloponnesischen Krieges*, II, 37 ff.).

Es war notwendig, diese Worte noch einmal in Erinnerung zu rufen, die vielleicht nicht wörtlich so ausgesprochen wurden, aber doch das mehrheitliche Selbstverständnis genau wiedergeben. Sie werfen für den Historiker eine Frage auf, der er nicht auszuweichen vermag: Wie konnte eine Stadt, die sich als Hort der Freiheit verstand, einen Mann zum Tode verurteilen, der sich durch die Kraft seiner Intelligenz ausgezeichnet hatte, einen Philosophen, der nicht nur von den Athenern bewundert wurde, sondern von vielen Fremden, die kamen, um sich mit ihm zu unterhalten – unter ihnen die schärfsten Denker ihrer Zeit? Handelt es sich um ein Zusammentreffen unglücklicher Umstände, oder wirft ein solches Urteil ein unerwartetes Licht auf die Realität der athenischen Demokratie? Um diese Fragen beantworten zu können, um das augenscheinliche Paradox zu verstehen, welches der Prozeß des Sokrates und seine Verurteilung zum Tode darstellen, sei zunächst einmal Aufschluß gegeben über die Umstände dieses Prozesses, über die Situation, in der sich Athen zu Beginn des 4. Jahrhunderts befand.

Athen im Jahre 399 v. Chr.

Wenn Athen in der Tat über weite Teile des 5. Jahrhunderts hinweg die mächtigste Stadt der griechischen Welt gewesen war und wenn auch zu jenem Zeitpunkt, in dem Perikles seine Lobrede auf die Demokratie hielt, der seit einem Jahr andauernde Krieg die Kräfte der Stadt noch nicht hatte erschöpfen können, so hatte sich die Lage zu Beginn des 4. Jahrhunderts doch deutlich gewandelt. Ein Vierteljahrhundert voller Konflikte, die wir der Einfachheit halber den Peloponnesischen Krieg nennen, hatte aus Athen eine besiegte, eine erdrückte, eine zerrissene Stadt gemacht.

Eine besiegte Stadt

Fünf Jahre vor der Eröffnung des Prozesses gegen Sokrates war die lakedaimonische Flotte unter Führung des Kommandanten Lysandros in den Hafen von Piräus eingelaufen, jenen Hafen, der am Vorabend der Medischen Kriege von Themistokles erbaut worden war und der die mächtige Flotte barg, mit der Athen seine Vorherrschaft über die ägäische Welt erreicht hatte. Im Zuge der Friedensbeschlüsse mit Lysandros hatte Athen ihm nahezu alle seine Schiffe übergeben und die Mauern zerstören müssen, die durch ihre Verbindung mit der Stadt aus dem Hafen von Piräus einen uneinnehmbaren Ort werden ließen. Schließlich hatte man sogar einwilligen müssen, in das spartanische Bündnis einzutreten und auf die Seeherrschaft zu verzichten.

Dieser Frieden setzte den Schlußpunkt unter einen langen Krieg, der im Jahre 431 v. Chr. begonnen hatte, als sich Athen auf dem Höhepunkt seiner Macht befand. Seit den in den Schlachten von Marathon (490) und Salamis (480) über die Perser davongetragenen Siegen galt diese Macht als einziger Garant einer Verteidigung der Griechen gegen die Bedrohung, die seitens des von Kyros gegründeten persischen Reiches auf die ägäische Welt ausgeübt wurde. Unmittelbar nach dem Sieg von Salamis hatten die Athener den Beschluß gefaßt, einen Krieg in Asien zu beginnen, um die griechischen Stadtstaaten auf der westlichen Seite Kleinasiens zu befreien, nachdem sie seit beinahe einem halben Jahrhundert unter der Herrschaft der Perser gestanden hatten. Die Perser hatten mit diesem *hegemon*, dieser Führungsgewalt über die griechischen Städte, Sparta abgelöst, das bis zu jenem Zeitpunkt für die Stadt mit der größten militärischen Schlagkraft gehalten wurde. 478 war das Bündnis von Delos ins Leben gerufen worden, ein militärisches Bündnis zwischen Athen und einer Anzahl griechischer Städte, die auf den ägäischen Inseln beheimatet waren. Das Zentrum dieser Liga befand sich im Heiligtum des Apollo, auf der kleinen Insel Delos. Mit Ausnahme einiger größerer Inseln (z. B. Chios, Lesbos, Rhodos), die an den gemeinsamen Operationen durch die Entsendung einer Flotte und eines bestimmten militärischen Kontingents teilnahmen, vertrauten die alliierten Städte ihre Verteidigung ganz den Athenern an und entrichteten dafür einen jährlichen Tribut, der zum Unterhalt der im Heiligtum befindlichen Schatzkasse des Bündnisses bestimmt war. In den Jahren nach dem Zusammenschluß des Bündnisses von Delos wuchs die Zahl der alliierten Städte kontinuierlich an, was insbesondere den in Asien errungenen Siegen des Atheners Kimon über die Perser zu verdanken war. Seit Beginn der sechziger Jahre des

5. Jahrhunderts galt die Vormachtstellung Athens in der Ägäis als unbestritten, und die persische Bedrohung verschwand zusehends, zumal auf die bedeutenden Herrscher der ersten Jahrhunderthälfte, wie etwa Dareios und Xerxes, nur weniger tatkräftige Nachfolger folgten, die sich als unfähig erwiesen, die zersetzenden Tendenzen aufzuhalten, die sich in einem so disparaten Reich bald zeigten. Im Jahre 449 beendete schließlich der sogenannte „Kalliasfriede" einen Konflikt, der beinahe ein halbes Jahrhundert gedauert hatte.

Dennoch veränderte die Allianz, deren Erfolge ihr Dasein bestärkt und gerechtfertigt hatten, allmählich ihren Charakter. Der Historiker Thukydides, der unsere wichtigste Informationsquelle darstellt, erklärt diese Veränderung einerseits durch die Tatsache, daß die alliierten Städte mit dem Verzicht auf eine eigene Verteidigung zugleich ihre Freiheit eingebüßt hatten, andrerseits erwähnt er aber auch den Machthunger, der sich des athenischen Volkes bemächtigt hatte. Unmerklich hatte sich das Bündnis unter Gleichrangigen in ein Reich verwandelt, in dessen Mitte die Vorherrschaft ungeteilt von den Athenern ausgeübt wurde. Dies kam zunächst im Transfer der Schatzkasse des Bündnisses von Delos nach Athen zum Ausdruck, was dem von den Verbündeten gezahlten Tribut, der die Kasse füllte, eine ganz andere Wertigkeit verlieh. Des weiteren wurde diese Vormachtstellung in den immer offeneren Einmischungen in die internen Angelegenheiten der Mitgliedsstädte des Bündnisses spürbar. Jeder zaghafte Versuch, sich von der Allianz lösen zu wollen, wurde mit einer militärischen Intervention äußerst hart sanktioniert, so im Falle von Samos oder Euböa. Um die Verbündeten besser überwachen zu können, wurden athenische Garnisonen auf ihrem Gebiet stationiert und konfiszierte Landstücke den Athenern zugesprochen. Überdies förderte Athen die Errichtung demokratischer Regierungen, die unter die strenge Überwachung athenischer Gouverneure gestellt wurden. Immer häufiger wurden schließlich Entscheidungen, welche die Gemeinschaft der Verbündeten betrafen, in Athen getroffen, und von den Delegierten der alliierten Städte erwartete man lediglich deren Zustimmung. Eine weitere Schwelle überschritt Athen, indem es seinen Alliierten den Gebrauch der eigenen Währung aufnötigte und alle Verbündeten, die sich aus den verschiedensten, zumeist jedoch rein privaten Gründen im Streit mit Athenern befanden, nunmehr den eigenen Gerichten vorführte.

Ein anonymer Schriftsteller und Autor eines Pamphletes, das vermutlich in den ersten Jahren des Peloponnesischen Krieges verfaßt wurde und eine heftige Anklage gegen die athenische Demokratie erhebt, verdeutlicht sehr anschaulich die engen Verbindungen, die diese imperialistische Politik mit der Natur der Staatsform selbst verknüpft. Die Herrschaft der Athener über ihre Verbündeten entsprang tatsächlich gerade dem guten Funktionieren der Demokratie, indem sie der Stadt jenen sozialen Frieden garantierte, der wiederum die Voraussetzung für den Bestand der Demokratie bildete. Der Philosoph Aristoteles, der in der zweiten Hälfte des 4. Jahrhunderts in Athen lehrte und dem wir aufgrund seiner kleinen Schrift über die *Verfassung Athens* eine lebhafte Vorstellung von der Geschichte Athens verdanken, stellt die Behauptung auf, das Imperium habe damals, in der Mitte des 5. Jahrhunderts, zum Lebensunterhalt von etwa zwanzigtausend Athenern, das heißt der Hälfte seiner gesamten Bürgerschaft beigetragen. Bestätigt wird dies durch Plutarch, der in seinem *Leben des Perikles* die Zahl der Athener, die in Kleruchen lebten, jenen Militärkolonien, die von den Athenern auf dem Gebiet bestimmter verbündeter Städte angesiedelt worden waren, auf gut zehntausend schätzt. Ein Zusammenhang läßt sich dabei tatsächlich nicht von der Hand weisen: Berücksichtigt man nicht nur den Sold der Ruderer in der Flotte, die unter den ärmsten Einwohnern Athens rekrutiert wurden, sowie die Zuweisung von Landbesitz und die Gehälter der Richter, die zu einer Rechtsprechung über Angelegenheiten herangezogen wurden, die eigentlich in den Zuständigkeitsbereich der alliierten Städte hätten fallen müssen, sondern auch den Tribut, über den Athen zunehmend nach Belieben verfügte, dann muß man zugeben, daß diese Vorherrschaft nicht nur das patriotische Gefühl der Athener zu befriedigen vermochte. Sie stellte überdies für eine Vielzahl unter ihnen wenn nicht eine sichere Einkommensquelle, so doch zumindest ein Mittel der Existenzsicherung dar. Um indes jedes Fehlurteil zu vermeiden, gilt es aber auch festzuhalten, daß dieser athenische Imperialismus kein ökonomisch begründeter Imperialismus war und daß Athen seine Verbündeten nicht in der Weise einer Kolonialmacht auszubeuten pflegte: Selbst die Obligation, die athenische Währung zu benutzen, entsprach eher einer politischen als einer finanziellen Maßnahme. Nichtsdestoweniger profitierte die athenische Demokratie auch in materieller Hinsicht von dieser Maßnahme, wie es der anonyme Autor der oben erwähnten Spottschrift, den die angelsächsischen Historiker den „*alten Oligarchen*" nennen, sehr gut erkannt hatte.

Läßt sich also behaupten, daß der Peloponnesische Krieg, der im Jahre 431 ausbrechen sollte, diesem Imperium bereits mit unausweichlicher Notwendigkeit bevorstand? So wird nämlich die These von Thukydides lauten, der seinen Bericht vom Krieg mit einem Resümee jener fünfzig vorangegangenen Jahre beginnen läßt, in denen sich der athenische Herrschaftsbereich hatte formieren können. Aber Thukydides hat vermutlich die wesentlichen Abschnitte seines Berichtes erst geschrieben, als der Krieg sich bereits seinem Ende zuneigte und Athen seinen Einfluß auf die Verbündeten dahinschwinden sah. Demgegenüber befindet sich Athen im Jahr 431 zu Beginn des Krieges, der aus einer doppelten Streitigkeit zwischen Athenern und Korinthern entstanden war, vielmehr auf dem Höhepunkt seiner Macht. Und in der ersten Rede, die Thukydides Perikles zuschreibt, um die Athener anzuhalten, das Ultimatum zurückzuweisen, welches die Spartaner ihnen gestellt hatten, ist es genau jene offensichtliche Überlegenheit, die vom Redner besonders hervorgehoben wird: eine militärische Überlegenheit, die im wesentlichen auf der Stärke der Flotte beruht, ebenso eine finanzielle Überlegenheit, die es erlaubt, jedem Angriff auf das eigene Territorium furchtlos entgegensehen zu können, und schließlich eine Überlegenheit, die sich angesichts einer Stadt wie Sparta behaupten läßt, die keine Flotte besitzt, die den Gebrauch von Geld nicht kennt und von der nicht einmal sicher ist, ob die militärische Erziehung, der sich ihre Bürger von frühester Jugend an unterwerfen, zu einem Sieg zu Lande führen würde.

Der Krieg sollte dennoch einen ganz anderen Verlauf nehmen, als der große Stratege vorausgeahnt hatte. Ganz entgegen seiner Vermutung erwies er sich als lang und mörderisch, und durch das wechselseitige Spiel der Bündnisse griff er überdies bald auf das gesamte ägäische Einzugsgebiet sowie auf die westlichen Gebiete des Mittelmeerraums, insbesondere auf Sizilien über. Man unterscheidet in diesem Konflikt gewöhnlich zwei Zeiträume der kriegerischen Auseinandersetzung, die durch einen kurzen, nur wenige Jahre andauernden Waffenstillstand unterbrochen wurden. Zwischen 431 und 421 trafen die Athener mit ihren Verbündeten einerseits und die Spartaner mit ihren Verbündeten andererseits an verschiedenen Schauplätzen aufeinander, ohne daß im

Kampf eine Entscheidung hätte herbeigeführt werden können. Die beiderseitige Ermüdung ließ die Gegner 421 einen Frieden auf der Basis des Status quo ante schließen. Wenige Jahre später nahm man die Kämpfe wieder auf. Während der Zeit des Waffenstillstands waren mancherorts lokale Konflikte entstanden, aber weder Athen noch Sparta hatte sich hinreißen lassen, den Frieden zu brechen. Gleichwohl kam der Anstoß zu einer Wiederaufnahme der Kämpfe von seiten Athens. Eine griechische Stadt auf Sizilien, Segesta, hatte Athen um Hilfe gegen ihre einflußreiche Nachbarstadt Syrakus ersucht. Im Verlauf der Debatte, die auf der Volksversammlung im Beisein der sizilischen Gesandten stattfand, hielt ein junger Aristokrat, dem eine blendende politische Karriere bevorstehen sollte und der den Kreisen um Sokrates angehörte, Alkibiades, vor dem Volk eine Rede, in der er die Athener aufforderte, das Gesuch der Bürger Segestas zu befürworten. Er schilderte ihnen in glänzenden Farben die Wichtigkeit, die ein Bündnis mit jenen griechischen Städten hätte, die Syrakus gegenüber feindlich gesinnt seien, dessen Verbindungen mit Korinth, seiner Hauptstadt, und Sparta doch bekannt seien. Entgegen aller Vorbehalte, die von seiten desjenigen geäußert wurden, der 421 als Friedensstifter fungiert hatte, nämlich des wohlhabenden Nikias, folgten die Athener Alkibiades, und mit Begeisterung stimmten sie im Frühjahr 415 der Entsendung einer Flottenexpedition nach Sizilien zu. Was folgte, war eine Katastrophe. Alkibiades, der gemeinsam mit Nikias das Kommando der Expedition übernommen hatte, wurde nach der Aufdeckung eines schweren Frevels zurückgerufen, beschloß jedoch, da er sich nicht dem Urteil seiner Mitbürger stellen wollte, kurzerhand zu fliehen. Nikias, der dem ganzen Unternehmen ohnehin feindlich gegenüberstand, führte die Operation indes nicht mit der nötigen Entschlossenheit durch. Die Hilfe, die sich die griechischen Städte Siziliens erhofft hatten, blieb aus. Das athenische Expeditionscorps wurde arg dezimiert, die Athener und ihre Verbündeten fielen im Kampf oder gerieten in Gefangenschaft. Und das traurige Schicksal, das letztere in den Latomien (Steinbrüchen) von Syrakus erwartete, ist hinlänglich bekannt.

Unterdessen hatte der Krieg in der Ägäis wieder Einzug gehalten, und der Waffenstillstand war gebrochen, seit Sparta Syrakus ein Expeditionscorps zu Hilfe geschickt hatte. Trotz einiger flüchtiger Erfolge sollte dieser zweite Kriegsabschnitt für Athen verheerend enden. Nicht nur, daß sein Territorium besetzt wurde und die so wichtige Festung von Dekeleia den Spartanern in die Hände fiel, nun wurde auch noch seine Seeherrschaft angefochten, seit Sparta Hilfsgelder vom König der Perser erhalten hatte, Subsidien, dank derer die Spartaner eine Flotte hatten ausrüsten können, die sie dem Kommando des Lysandros anvertrauten. Ende des Sommers 405 vernichtete dieser die athenische Flotte bei Aigos Potamoi auf dem offenen Meer vor den Küsten Kleinasiens, und innerhalb weniger Wochen war er zum Herrscher über die Städte und die mit Athen verbündeten Inseln der Ägäis avanciert, auf denen er Garnisonen einrichtete. So endete die Vorherrschaft, die Athen während eines Dreivierteljahrhunderts über die ägäische Welt ausgeübt hatte.

Der Athener Xenophon, der den Bericht des Thukydides fortsetzt, präsentiert diesen Sieg Spartas wie einen Sieg der Freiheit. Tatsächlich ersetzte jedoch nur eine Vorherrschaft die andere, und für die ägäischen Städte war die Hegemonie Spartas kaum angenehmer als die Hegemonie Athens. Aber es steht wohl außer Zweifel, daß die Verbündeten zumindest während der letzten Kriegsjahre kontinuierlich bestrebt waren, sich von

Athen zu lösen. Um seine Herrschaft beraubt, seine Kleruchen und den Tribut seiner Verbündeten, glich Athen nun nicht nur einer besiegten Stadt, es war zugleich eine ruinierte und – durch ein Vierteljahrhundert des Krieges – erdrückte Stadt.

Eine erdrückte Stadt

Perikles hatte, wie wir gesehen haben, einen kurzen und schnellen Krieg vorausgesagt, in dem die Entscheidung auf dem Meer und durch die Stärke der athenischen Flotte fallen sollte. Daher rief er alle Athener auf, ihre Felder zu verlassen und sich innerhalb der Stadtmauern zu versammeln. Der Historiker Thukydides beschreibt den Aufruhr, den die Wahl einer solchen Strategie in das Leben zahlreicher Bauern brachte, mit anschaulichen Worten: *„Es fiel ihnen schwer aufs Herz, daß sie ihre Häuser verlassen sollten und die Tempel, die ihnen von je, noch aus der Zeit der ältesten Verfassung, heilig waren, daß sie ihr ganzes Leben umstellen sollten, ja kaum anders, als müßte jeder aus seiner Heimat auswandern. Als sie dann in der Stadt ankamen, besaßen die wenigsten dort Wohnungen oder eine Zuflucht bei irgendwelchen Freunden oder Verwandten; die meisten ließen sich nieder in den unbewohnten Teilen der Stadt und in allen Heiligtümern der Götter und Heroen, außer der Akropolis, dem Eleusinion und was sonst fest verschlossen war (...) Viele richteten sich auch ein in den Türmen der Mauer und wie jeder konnte, denn die Stadt faßte sie alle gleichzeitig“* (Thukydides, *Geschichte des Peloponnesischen Krieges*, II, 16–17). Aristophanes läßt zu Beginn seines Stückes *Die Acharner* einen Bauern die Ferne seines Feldes beklagen: *„(...) schau' ins Feld hinaus und bet' um Frieden, fluche der*

Stadt und denke: wär' ich nur daheim auf meinem Dorf ..." Die Beutezüge, welche von peloponnesischen Truppen im attischen Gebiet durchgeführt wurden, hinterließen Zerstörungen unvorstellbaren Ausmaßes, von denen zeitgenössische Autoren zu berichten wissen: herausgerissene Weinstöcke, verbrannte Olivenhaine und dezimierte Viehherden waren in jenen Jahren das Los der athenischen Bauern. Die zahlreichen brachliegenden Äcker brachten keine Ernte mehr ein. Noch im Jahr 388 beschreibt Aristophanes in dem nach dem Gott des Reichtums betitelten Stück *Plutos* die schlimmen Folgen der Misere, die wie ein Fluch über die Landbevölkerung Attikas gekommen war, mit drastischen Worten: „*Statt des Mantels bescherst du den schäbigen Flaus, der zerrissen von oben bis unten, statt des Betts muß dienen die Binsenstreu, wo den Müden der Wanzen Gewimmel vom Schlaf aufjagt; statt des Teppichs: von Rohr ein Geflecht, ein verfaultes; als Kissen liegt unter dem Kopf ein gewaltiger Stein; Brot, Wecken, das wäre zu üppig, ein Malvensalat mag füllen den Bauch und das Kraut des geschossenen Rettichs. Vom zerbrochenen Kruge das Oberstück ist der Schemel der Füße; der Backtrog ein gesprungenes Faß ...*"

Die Bürgerschaft bestand damals etwa zu fünf Sechsteln aus Bauern. Athen war eine blühende Stadt, und das städtische Kunsthandwerk hatte zur Zeit des Perikles einen großen Aufschwung erfahren. Insbesondere die Keramikindustrie gewann an Bedeutung, in deren Werkstätten jene schönen Vasen mit den roten Figuren produziert wurden, die im ganzen Mittelmeerraum gefragt waren. Die Bauvorhaben auf der Akropolis, die von Perikles unternommen und dem berühmten Bildhauer und Architekten Phidias anvertraut wurden, hatten eine große Zahl von Handwerkern und Spezialisten nach Athen gezogen. In seinem *Leben des Perikles* liefert Plutarch eine fesselnde Beschreibung dieser Aktivitäten: *„Vielerlei Materialien wurden benötigt, Steine, Erz, Elfenbein, Gold, Eben- und Zypressenholz, und zu ihrer Bearbeitung brauchte es mancherlei Handwerker, so Zimmerleute, Bildhauer, Kupferschmiede, Steinmetzen, Färber, Goldarbeiter, Elfenbeinschnitzer, Maler, Sticker, Graveure. Die Transporte zur See brachten den Reedern, den Matrosen und Steuerleuten Beschäftigung, diejenigen zu Lande den Wagenbauern, Pferdehaltern und Fuhrleuten, den Seilern, Leinewebern, Sattlern, Straßenbauern und Bergknappen. Jedes Handwerk verfügte, wie der Feldherr über sein Heer, über eine Masse von ungelernten Hilfsarbeitern, welche als Handlanger dienten, kurz, die Vielfalt der Arbeiten machte es möglich, daß sozusagen jedem Alter und jedem Stand reicher Gewinn zuströmte"* (Leben des Perikles, 12, 6). Viele dieser Handwerker waren jedoch Fremde, die sich versklavter Arbeitskräfte bedienten, so etwa der berühmte Kephalos, ein Metöke, der ursprünglich aus Syrakus stammte und den Perikles nach Athen gelockt hatte, wo er eine Werkstatt mit einhundertzwanzig Waffen produzierenden Sklaven unterhielt. Im Haus dieses reichen Metöken, das in Piräus lag, läßt Platon seinen Dialog *Politeia* stattfinden. Sokrates erscheint dort als Stammgast des Syrakusers und seiner Söhne, unter denen sich auch der künftige Redner Lysias befindet. Zwar gab es Athener, die sich ebenfalls dem Handwerk widmeten, dem Klein- oder Großhandel sowie Bankgeschäften. Die Mehrzahl der Bürger lebte jedoch vom Ertrag ihrer Böden, sei es durch eigene Nutzung, die von einem oder zwei Sklaven unterstützt wurde, wie im Falle der *autourgoi*, jener auf ihrem Feld arbeitenden Bauern, die Aristophanes in seinem Stück auftreten läßt, sei es, sofern es sich um größere Flächen handelte, durch eine Übertragung der Landnutzung auf einen Verwalter, der häufig selber versklavt, jedoch gleichzeitig für die Überwachung und Anweisung der auf den Feldern arbeitenden Sklaven zuständig war. In einer seiner Schriften, die den Titel *Oikonomikos* trägt, läßt Xenophon Sokrates einen Dialog mit einem dieser Großgrundbesitzer führen, den er als Inbegriff des Ehrenmannes, des *kaloskagathos*, präsentiert. Es steht außer Frage, daß die kleinen wie großen Eigentümer gleichermaßen von den Verwüstungen des attischen Gebietes betroffen waren. In der dritten Rede, die Thukydides ihm zuschreibt, als bereits offensichtlich ist, daß der Krieg nicht so schnell beendet sein würde wie angenommen, erwähnt Perikles die Verluste, die den Landbesitzern zugefügt wurden, und die Unzufriedenheit, die sich allmählich unter ihnen ausbreitete. Man kann sich leicht vorstellen, daß sich die Zustände nur verschlimmerten, je länger der Krieg andauerte, je länger die Athener gezwungen waren, ihren Häusern fernzubleiben, und je häufiger sich die Plünderungen der lakedaimonischen Truppen wiederholten.

Die Eroberung der Festung von Dekeleia durch die Spartaner 412 hatte eine weitere, schwerwiegende Konsequenz mit sich gebracht: Thukydides berichtet, daß zwanzigtausend Sklaven im Rahmen dieser Belagerung hatten entfliehen können, und es gibt gute Gründe für die Annahme, daß diese Sklaven in den Gruben von Laurion gearbeitet haben. Die dortigen Minen enthielten silberhaltiges Blei und wurden schon seit langem genutzt, aber die Entdeckung eines besonders reichen Vorkommens im Bezirk von Maroneia, kurz vor dem zweiten Medischen Krieg, hatte den Athenern nicht nur den Bau einer Flotte ermöglicht, die ihnen unweigerlich zum Sieg verhelfen sollte. Sie markiert auch den Beginn einer Phase intensiver Nutzung, die den Athenern ein überaus silberhaltiges und von daher sehr gefragtes Münzgeld verschaffte, noch bevor die Stadt ihre Verbündeten schließlich zum exklusiven Gebrauch dieser Währung verpflichtete. Wir wissen nicht, wie die Ausbeutung der Minen im 5. Jahrhundert vor sich ging, da die wesentliche Dokumentation über die Vergabe von Grubenkonzessionen erst aus dem 4. Jahrhundert stammt. Eine kleine, zu Beginn der fünfziger Jahre des 4. Jahrhunderts veröffentlichte Schrift des Xenophon, *Über die Staatseinkünfte*, erwähnt die beträchtliche Anzahl von Sklaven, die zu jener Zeit dort arbeiteten, als Nikias und einige andere wohlhabende Männer ihre Sklaven an die Grubenkonzessionäre vermieteten, indem sie pro Arbeiter und Tag einen Obolus verlangten. Die Nachkommen des Nikias finden sich im 4. Jahrhundert unter den Konzessionären von Laurion, und es ist nicht ausgeschlossen, daß der Friedensstifter des Jahres 421 dort selbst Grubenkonzessionen besessen hat, die ihm zusätzlich zur Vermietung seiner Sklaven Gewinne einbrachten. Nun dürfte verständlich werden, warum die Flucht von zwanzigtausend Grubenarbeitern schwerwiegende Konsequenzen für die Stadt und für all jene, die ihre Einkünfte aus ihrer Arbeit bezogen, haben mußte. Xenophon zufolge hatte die Grubennutzung selbst in der Mitte des 4. Jahrhunderts noch nicht wieder zu ihrer alten Intensität zurückgefunden, und er widmet sein Werk der Suche nach Wegen, auf denen eine vergleichbare Einkommensquelle erneut gefunden werden könnte. Diese Situation gestaltete sich zu Beginn des 4. Jahrhunderts besonders dramatisch, als Athen noch von dem Krieg und jenen internen Querelen geschwächt war, von denen wir noch zu berichten haben.

In derselben kleinen Schrift *Über die Staatseinkünfte* zieht Xenophon andere Mittel in Betracht, welche die Ressourcen der Stadt vergrößern könnten, und er erwägt in diesem Zusammenhang Maßnahmen, die ausländische Händler wieder nach Athen bringen könnten. Seit seiner Errichtung durch Themistokles galt Piräus, trotz seiner ursprünglichen Bestimmung zum Schutz der Kriegsflotte, als wichtigster Handelshafen der Ägäis. Perikles sah darin, der bereits erwähnten Rede zufolge, einen der großen Vorteile Athens, denn die Stadt konnte sich so *„der Produkte der ganzen übrigen Welt"* ebenso wie der eigenen Güter erfreuen. Tatsächlich wissen wir nur sehr wenig über den Handel Athens im 5. Jahrhundert. Nur anhand von Zeugnissen aus dem 4. Jahrhundert und insbesondere dank der zu einigen Handelsangelegenheiten gehaltenen Plädoyers, die uns in Verbindung mit dem Namen Demosthenes erhalten sind, können wir das Leben dieses *emporion*, dieses Marktes erahnen, auf dem in der Tat die Produkte der ganzen bekannten Welt zusammenkamen. Piräus hat man sich dennoch nicht wie einen der heutigen Mittelmeerhäfen vorzustellen, in denen ein kosmopolitisches Treiben herrscht. Sicherlich gab es einen Freihafen, Docks und eine große Halle, in der sich die Händler und Geldwechsler trafen. Aber wenn hier Schiffe aus allen Regionen des Mittelmeeres anlegten, dann geschah dies vor allem zur Löschung ihrer mitgebrachten Weizenladungen und weniger wegen des Erwerbs athenischer Handwerksprodukte. Die Händler strömten, so Xenophon, nur deswegen nach Athen, weil sie sicher sein konnten, dort mit gutem Geld bezahlt zu werden, das sie überall gegen andere Waren eintauschen konnten.

An diesem Handel nahm die Stadt als solche keinen Anteil. Sie beschränkte sich vielmehr darauf, alle in den Hafen ein- oder auslaufenden Schiffe mit einer Steuer zu belegen und von allen Fremden, die als Metöken einen festen Wohnsitz und das Recht auf Handel auf der *agora* besaßen, die Metökensteuer *(metoikion)* zu erheben. Gerade aufgrund dieser diversen Steuern, welche die Stadtkasse füllten, suchte Xenophon nach Wegen, wieder ausländische Händler in den Hafen von Piräus zu locken, den sie infolge des Krieges größtenteils gemieden hatten.

Auf diese Weise hatte der Krieg nicht nur den Ruin der Landwirtschaft herbeigeführt, die Produktion in den Gruben herabgesetzt und all jene Händler von Piräus ferngehalten, die sich für gewöhnlich dorthin begaben, er hatte auch die finanziellen Ressourcen der Stadt versiegen lassen. Das Budget einer Stadt wie Athen darf man sich nicht als Äquivalent zum Etat eines heutigen Staates vorstellen. Eine direkte Steuer gab es nicht, und die Erhebung eines Zehnten auf die Ernten oder Einkommen wurde im allgemeinen eher mit der Politik eines Tyrannen assoziiert. Die Einnahmen der Stadt resultierten normalerweise aus den Abgaben, die aus Handelsaktivitäten sowie Geldstrafen und Konfiskationen stammten, die gegenüber Verurteilten ausgesprochen wurden. Außerdem gab es eine auf die Grubenkonzessionen bezogene Gebühr, deren genaue Beschaffenheit wir nicht kennen. Hinzu kam freilich noch der Tribut, den die Verbündeten Athens zahlten und der sich, seit die Schatzkasse des Bündnisses nach Athen gebracht worden war, in der Tat mit den Einkünften der Stadtkasse vermengte. Um verstehen zu können, wie die Stadt auch ohne ein dauerhaftes Steuereinkommen den verschiedenen Abgaben, die ihr oblagen, nachkommen konnte, sei daran erinnert, daß ein Teil dieser Abgaben bereits von den wohlhabendsten Bürgern übernommen wurde. Diese Leistungen bezeichnete man als „Leiturgien". Die Ausstattung einer Triere, der Unterhalt eines Chores zur Untermalung religiöser Feste, die Organisation eines öffentlichen Banketts gingen so zu Lasten von Einzelpersonen, deren Ruhm durch solche Beiträge zum Leben der Gemeinschaft wuchs.

Leicht läßt sich nun begreifen, daß die Verlängerung des Krieges, der anhaltend verwehrte Zugang zum Acker-

land und die Notwendigkeit, während der letzten Kriegs-
phase auf fremde Lohnarbeiter zurückzugreifen, die
Summe der Ausgaben deutlich erhöhten, und zwar sowohl der städtischen Abgaben als auch jener Obliegenhei-
ten, wie beispielsweise der Trierarchie, die die Reichen
zur Ausstattung und Führung eines Kriegsschiffes verpflichtete. 427 war es nötig geworden, zum ersten Mal
eine Kriegssteuer, eine *eisphora*, zu erheben, die zwischen
427 und 404 mehrmals neu festgelegt werden mußte.
Obendrein zögerte man in den letzten Kriegsjahren nicht,
den bedenklich steigenden Ausgaben mit einem Zugriff
auf das Vermögen der Schutzgöttin der Stadt, Athene, zu
begegnen, deren Schatzkasse im Parthenon aufbewahrt
wurde, und schließlich schmolz man sogar Gold- und Sil-
berstatuen ein, um wertvolles Metall daraus zu gewinnen.
Das Ende des Krieges und die Unruhen, welche die Stadt
in den Monaten nach dem spartanischen Sieg zerrissen,
konnten die Situation nur noch verschlimmern. Der Verlust des Imperiums bedeutete faktisch eine Einbuße des
Tributs von seiten der Verbündeten und überdies das Verschwinden der Kleruchen, jener Militärkolonien, die Tau-
senden armer Athener ein gesichertes Einkommen be-
scherten. Andererseits führte die Wiedereinrichtung der
Demokratie, die nach der kurzen Episode der Tyrannei
der Dreißig mit Hilfe der Spartiaten eingerichtet wurde,
auch zu einer Wiedereinführung der *misthoi*, jener Gehälter zur Entlohnung einer politischen Tätigkeit, zu der seit
kurzem auch die Teilnahme an Sitzungen der Volksversammlung zählte. In finanzieller Hinsicht blieb die Situation Athens jedoch dramatisch, und es sei dabei nur exem-
plarisch an die Bemerkung eines Klägers erinnert, der die
Richter aufforderte, seinen wohlhabenden Prozeßgegner
ruhig zu verurteilen, wenn sie dank der Konfiskation seiner Güter in den Vorteil eines sicheren Gehaltes kommen
wollten.

Allerdings muß an dieser Stelle noch einmal betont werden, daß der Krieg, so katastrophal er sich für Athen auch erwiesen hatte, durchaus nicht alle gesellschaftlichen Schichten auf die gleiche Weise in Mitleidenschaft zog. Die Bauern fielen ihm, wie bereits dargestellt, als erste zum Opfer: Es waren ihre Ländereien, die zerstört wurden, und sie waren es auch, die unter den Bedingungen, die Thukydides im oben genannten Text beschreibt, innerhalb der Stadtmauern Athens eingepfercht und als erste von jener Pestepidemie heimgesucht wurden, die in Athen zu Beginn des Krieges ausgebrochen war und große Teile der Bevölkerung dahingerafft hatte. Diejenigen unter ihnen, die in der schweren Infanterie der Hopliten dienten, waren überdies von den härtesten Kämpfen betroffen, wie etwa der Schlacht bei Delion im Jahre 423, wo die Athener mehr als tausend Mann verloren. Man geht davon aus, daß Athen zu Beginn des Krieges etwa vierzigtausend Einwohner zählte. Um 400 blieben davon kaum dreißigtausend übrig. Das bedeutet, daß die gesamte Bürgerschaft um ein Viertel ihrer Mitglieder dezimiert worden war, und von diesen bildeten wiederum die Bauern eine deutliche Mehrheit.

Fielen demzufolge die Bauern als erste dem Krieg zum Opfer, so sahen sich bald jedoch auch die Reichen mit immer unerträglicheren Verhältnissen konfrontiert, je länger die kriegerischen Operationen andauerten, sei es, weil auch sie die Zerstörung ihrer Landgüter hinnehmen mußten, oder aber aus dem einfachen Grunde, daß die Kosten des Krieges vor allem ihnen angelastet wurden. Im bereits zitierten Dialog aus dem *Oikonomikos* des Xenophon beklagt sich Kritobulos, einer der Gesprächspartner des Sokrates, über das Unbehagen am Reichtum in einer Stadt wie Athen. Und Sokrates stimmt ihm in seinem Sinne zu, indem er alle Verpflichtungen aufzählt, die ihm aufgebürdet werden: *„Erstens sehe ich, daß für*

*dich die Notwendigkeit besteht, viele und große Opfer
zu bringen, oder – so glaube ich – weder Götter noch
Menschen würden dich ruhig gewähren lassen; zweitens
obliegt es dir, viele Gäste aufzunehmen, und zwar so,
wie es einem angesehenen Manne zukommt; schließlich
bist du verpflichtet, Bürger zu bewirten und ihnen gefällig zu sein oder ohne Verbündete zu leben; überdies höre
ich, daß dir auch der Staat jetzt aufträgt, große Leistungen zu erbringen, Bereitstellung von Pferden, Ch234raus-
stattungen, Ausrichtung sportlicher Wettkämpfe und
die Übernahme öffentlicher Ämter; wenn es erst zum
Krieg kommen sollte, so weiß ich, daß sie dir Schiffsaus-
rüstungen und Abgaben in solcher Höhe auferlegen, wie
du sie nicht leicht aufbringen wirst. Wo immer du aber
den Anschein erweckst, etwas von den genannten Dingen unzureichend auszuführen, da weiß ich, daß die
Athener dich bestrafen werden, nicht weniger, als wenn
sie dich bei einem Diebstahl an ihrem Eigentum ertapp-
ten"* (Xenophon, *Oikonomikos*, II, 5–6).

Der Krieg hingegen konnte für manche durchaus vor-
teilhaft sein: Der Sold, den die unter den ärmsten Einwohnern rekrutierten Ruderer erhielten, ergänzte ihre
mageren Einnahmen, die sie aus einem Stück Erde oder
der Ausübung eines einfachen Handwerks beziehen
konnten. Manche Strategen konnten sich, indem sie die
Verbündeten erpreßten oder den besten Teil einer
Kriegsbeute für sich behielten, schnell ansehnliche
Reichtümer erwerben, so beispielsweise jene Strategen,
die in den ersten Jahren des 4. Jahrhunderts in einer
Rede des Lysias Erwähnung finden. In einer Komödie,
die er 421, kurz vor dem Friedensschluß des Nikias zur
Aufführung bringt, stellt Aristophanes sich die gefan-
gengenommene Friedensgöttin Eirene vor, wie sie
schließlich vom Winzer Trygeos und den Bauern Attikas
befreit wird. In diesem Augenblick betreten all jene kla-

gend die Szene, die vom Krieg profitieren konnten: Waffenhändler, Fabrikanten von Helmschmuck, Hersteller von Brustpanzern, Trompeten und Helmen sowie Lanzenschleifer. Es gab also Leute, denen der Krieg keinen oder nur geringen Schaden zufügte, ja sogar Leute, denen er Gewinn brachte.

Man mag sich nun eine Vorstellung davon machen, wie sich diese Spannungen, die Perikles der Darstellung des Thukydides zufolge bereits in den ersten Kriegsjahren vorausgesehen hatte, mit der Dauer des Krieges verschärften. Und weil der Krieg der Verteidigung des Imperiums verpflichtet war, so wie das Imperium seinerseits der Demokratie, begannen diejenigen, die der Krieg an Leib und Gut beschädigte, natürlich bald, die Demokratie an sich in Frage zu stellen. Damit führten sie die Stadt in einen Bürgerkrieg, der sie in doppelter Hinsicht zu zerreißen drohte.

Eine zerrissene Stadt

Im 5. Jahrhundert war Athen eine Demokratie, d. h. eine Staatsform, in der die Souveränität beim *demos*, dem Volk, lag. Dieser Begriff *demos* hat im Griechischen eine doppelte Bedeutung: In den Eingangsformeln aller Dekrete, die von der Volksversammlung beschlossen wurden, an der wiederum rechtlich jedes Mitglied der athenischen Bürgerschaft partizipiert, impliziert die Formel *„Der* demos *hat zugestimmt"*, daß dieser *demos* mit der Gesamtheit der Bürgerschaft zusammenfällt. In der politischen Literatur hingegen steht der Begriff *demos* häufig in Opposition zu den Bessergestellten *(aristoi)*, zu den Reichen oder zu den „Wohlgeborenen", d. h. jenen, die zuvor allein die politische Macht innehielten und im Namen der bürgerlichen Gemeinschaft auch allein Entscheidungen trafen. Tatsächlich hatte sich die Demokratie in Athen erst am Ende eines Jahrhunderts der Konflikte etabliert, in die gerade die kleine Landbevölkerung involviert war, sei es als einzig unterstützende Kraft, sei es aus Eigeninteresse. Der erste dieser Konflikte entstand zu Beginn des 6. Jahrhunderts und ließ die verarmten Kleinbauern, von denen einige infolge starker Verschuldung oder aus Gründen, die wir nicht kennen, in einen Zustand teilweiser Versklavung geraten waren, gegen die Reichen und Mächtigen aufbegehren, denen die guten Ländereien gehörten und die mit dem ganzen Gewicht ihrer Macht auf dem *demos* lasteten. Solon schlichtete diesen Konflikt in seiner Eigenschaft als gewählter Archont, d. h. als oberster Justizbeamter der Stadt für die Dauer eines Jahres, indem er verbot, daß zukünftig auch nur ein Athener in die Sklaverei geführt werden dürfe. Außerdem hob er den Zustand der Abhängigkeit jener auf, die Aristoteles die *hectemores* nennt, Sechstelbauern, die dem Eigentümer des Landes, das sie bearbeiteten, den sechsten Teil ihrer Erträge abzuliefern hatten. Jedoch weigerte sich Solon, der Forderung einer egalitären Aufteilung des Landes nachzukommen, die ihm zahlreiche Bauern antrugen. Er stattete die Stadt allerdings mit einem Kodex schriftlich verfaßter Gesetze aus, der sehr viel umfangreicher war als der von Drakon am Ende des vorangegangenen Jahrhunderts verkündete. Zweifelhaft bleibt, ob er auch eine neue Verfassung eingeführt hat, wie es die politischen Autoren vom Ende des 5. und des 4. Jahrhunderts behaupten. Wir werden später noch sehen, wie stark in den letzten Jahren des 5. Jahrhunderts die Tendenz war, Solon diese „*Demokratie der Vorväter*" zuzuschreiben, ihn zum Gründer der Demokratie zu stilisieren, wenngleich einer gemäßigten Form der Demokratie, die nicht mit heutigen Formen der Demokratie in Übereinstimmung steht. Wie dem auch sei, indem er weder der einen noch der anderen der streitenden Parteien den Vorzug gab, weckte Solon letztlich wieder auf beiden Seiten Unzufriedenheit. Und das Aufflammen der Konflikte ließ nicht lange auf sich warten. Es begannen Konflikte zwischen den Mächtigen, die sich in Faktionen gruppierten, um sich in den Vollbesitz der politischen Macht zu bringen, und Konflikte, in denen diese Mächtigen dem *demos* gegenüberstanden, den attischen Kleinbauern, die Solons Maßnahmen zwar von der Bedrohung der Sklaverei befreit hatten, aber die durch seine Ablehnung einer Aufteilung des Landbesitzes auch in ihrem Elend belassen wurden. Es ist nicht immer ganz einfach, dem Ablauf der Ereignisse zu folgen, die Athens Geschichte bestimmt haben, denn der Historiker verfügt nur über Quellen, die frühestens ein Jahrhundert nach den berichteten Ereignissen verfaßt wurden. So ist es auch im Falle des Berichtes von Herodot oder der noch späteren Schilderung des Aristoteles in seiner *Verfassung Athens*. In jedem Fall kann als gesichert gelten, daß sich 561 einer jener Angehörigen der Aristokratie, die sich die Macht gegenseitig streitig machten, nämlich Peisistratos, unter Berufung auf das Volk zum Herrscher der Stadt aufschwingen konnte, und es gelang ihm sogar, seine Tyrannis zu festigen und die Macht nach seinem Tod auf seine Söhne zu übertragen, obwohl er zweimal von seinen Gegnern gestürzt worden war. In der griechischen Tradition ist der Tyrann ein Usurpator, der seine persönliche Macht in den meisten Fällen unter Berufung auf den *demos* und gegen die Aristokratie einrichten kann, deren Güter er konfisziert und deren Privilegien er abschafft. Peisistratos entspricht ganz diesem Schema, denn die Quellen zeigen ihn als einen „Patron" des *demos*, dem er seine Fürsorge durch Darlehen an die Ärmsten und durch die Einrichtung eines zivilen Standge-

30

richtes, das ihn gegen übertriebene Forderungen der Reichen in Schutz nehmen sollte, zu bezeugen suchte. In der Tradition wird überdies nachdrücklich auf seine Mäßigung und seinen Respekt vor den bestehenden Gesetzen hingewiesen, wodurch er sich von einem gewöhnlichen Tyrannen unterschied, selbst wenn er faktisch die gesamte politische Macht an sich gerissen hatte, indem er bei der jährlichen Besetzung der Ämter ausschließlich Mitglieder seiner Familie oder seiner Faktion in den Beamtenstand wählen ließ. In jedem Fall entspricht seine Tyrannis zeitlich einer Phase des deutlichen Aufschwungs Athens, das bis dahin nicht groß von sich reden gemacht hatte. Peisistratos beschenkte die Stadt mit Tempeln und einem Brunnen, welcher der ständig anwachsenden Stadtbevölkerung frisches Wasser liefern sollte. Er intervenierte in ägäischen Angelegenheiten und richtete Athen auf den ostionischen Kulturbereich aus, der einen der Angelpunkte seiner künftigen Seeherrschaft bilden sollte. Unter seiner Regierung gelangte auch die attische schwarzfigurige Keramik zu einer erstaunlichen Blüte, bevor sie in den letzten Jahrzehnten des Jahrhunderts durch die rotfigurige Keramik ersetzt wurde. Schließlich ist es auch jene Epoche, in der Athen Künstler, Dichter und Schriftsteller anzieht, die sich am Hofe des Tyrannen und seiner Söhne wiederfinden.

Gleichwohl hatten sich die athenischen Aristokraten nicht einfach beschwichtigen lassen, und unter der Führung der wohlhabendsten und einflußreichsten Familie, den Alkmeoniden, hatten sie mehrfach vergeblich versucht, die Söhne des Tyrannen zu stürzen. Nach der Ermordung des jüngeren der beiden Brüder, Hipparchos, nahm die Tyrannis des Älteren, Hippias, eine strengere und autoritärere Gestalt an. Die athenischen Aristokraten wandten sich daraufhin an den König von Sparta und baten ihn um Unterstützung im Kampf gegen den Tyrannen. 510 wurde Hippias aus Athen vertrieben und die Tyrannis gestürzt. Diese Umstände bahnten den Weg für das vielleicht wichtigste Ereignis in der Geschichte der athenischen Demokratie. Einer der beiden Männer, die nach der Vertreibung des Tyrannen erneut in Opposition traten, um die Macht an sich zu reißen, der Alkmeonide Kleisthenes, entschied sich dafür, sich auf den *demos* zu berufen. Aber anstatt sich darauf zu beschränken, ihm einige unmittelbare materielle Gegenleistungen als Preis für seine Unterstützung zuzugestehen, reformierte er die gesamte Organisation der Stadt auf radikale Weise, indem er die alten, traditionellen Ämter der Familienstämme und Phratrien (Bruderschaften von Kriegern, die wie Verwandtschaftsverhältnisse funktionierten) durch zehn neue Stämme (Phylen) ersetzte. Diese bestanden nun aus territorialen Zusammenschlüssen, welche sich jeweils aus drei Distrikten, einem Stadt-, einem Land- und einem Küstendistrikt zusammensetzten, um somit den nur regionalen Solidaritätsverpflichtungen ein Ende zu bereiten und eine Durchmischung der Bürgerschaft zu erreichen. Diese Bürgerschaft hat durch Kleisthenes wohl einen deutlichen Zuwachs erfahren, indem er ihr Fremde zuführte, die in Athen etabliert wurden, was dem städtischen *demos* mehr Gewicht verlieh, von dem die meiste Unterstützung für die athenische Demokratie ausgehen sollte. Nachdem die Lakedaimonier auf eine von den Gegnern des Kleisthenes an sie gerichtete Bitte um Hilfe hin jenen vertrieben hatten und vorgaben, die alte Ordnung wiederherstellen zu wollen, war es der *demos*, der sich in Gestalt des per Los unter den zehn Stämmen konstituierten Rates der Fünfhundert gegen sie erhob, jenes Rates, der von Kleisthenes ins Leben gerufen worden war und der den Alkmeoniden wenig später wieder ins Amt berufen sollte. Vielleicht läßt sich bei all dem noch nicht wirklich von einer Demokratie sprechen, aber in jedem Fall vollzog sich hier die definitive Abschaffung aller aristokratischen Privilegien und die Einrichtung der *isonomie*, der Gleichheit aller vor dem Gesetz.

Im folgenden Jahrhundert konnte sich das Regime festigen, sah sich jedoch bisweilen mit einem Aufflammen der Gewalt konfrontiert, das wir aus Berichten oder Anekdoten über das Leben einiger Männer herauslesen können, die zu jener Zeit eine bedeutende Rolle im Leben der Stadt spielten: Miltiades, Themistokles, Aristeides, Kimon, Ephialtes. Die Medischen Kriege – und insbesondere der zweite, welcher der athenischen Flotte einen großen Triumph einbrachte – ließen in der Stadt das Ansehen des Standes der Seeleute und Ruderer ansteigen. Überdies konnte in dieser Hälfte des Jahrhunderts eine Regelmäßigkeit für die Sitzungen der Volksversammlung erreicht werden, die viermal während einer Prytanie tagte, d. h. in einem Abstand von 36 oder 37 Tagen, in dem die fünfzig Vertreter eines „Stammes", der Phyle, zusammenkamen. Für den demokratischen Charakter des Regimes besonders kennzeichnend war einerseits der Verzicht auf das Losprinzip zugunsten von Wahlen bei der Bestimmung zukünftiger Inhaber der jährlich zu vergebenden öffentlichen Ämter, mit Ausnahme des Kollegiums der zehn Strategen, die immer schon gewählt wurden, andererseits die Übertragung jener Machtbefugnisse, die einst das Erbteil des alten aristokratischen Rates des Areopags gewesen waren, auf den Rat der Fünfhundert, die *boule*. Zu diesen Machtbefugnissen zählte die Berechtigung, auf die Einhaltung der Gesetze achtzugeben, die mit staatsbürgerlichen Aufgaben betrauten Beamten zu überwachen und über alle Fragen von Krieg oder Frieden informiert zu sein. Die *boule* entwarf außerdem Anträge für Dekrete, die dann in der Volksversammlung zur Diskussion und zur Abstimmung gestellt wurden. Schließlich teilte sie noch die richterliche Gewalt mit dem Volkstribunal der *heliaia*, dessen sechstausend Mitglieder jedes Jahr per Los bestimmt wurden.

Traditionell werden diese letzteren Maßnahmen Ephialtes zugeschrieben, über dessen Person im übrigen so gut wie gar nichts bekannt ist, außer daß er auf eine so starke Opposition getroffen sein muß, daß er wenig später einem Attentat zum Opfer fiel. Aber er fand einen Nachfolger in der Person des jungen Perikles, dessen Mutter eine Alkmeonidin war, eine Nichte von Kleisthenes, und sein Vater, Xanthippos, war ein Politiker, der eine Zeit des Ruhmes genossen hatte, bevor er ostrakisiert, d. h. für eine Dauer von zehn Jahren aus der Stadt verbannt wurde, und zwar auf Grund einer Verfügung, die wahrscheinlich von Kleisthenes getroffen worden und deren Anlaß eine Vorbeugung gegen jede Art der Tyrannei gewesen war. Der Name des Perikles verbindet sich an dieser Stelle mit der Größe Athens und der athenischen Demokratie, so daß es fast unnötig erscheint zu wiederholen, was hinlänglich bekannt sein dürfte: Über dreißig Jahre hinweg hat Perikles die politische Szene Athens als politischer Redner wie als Stratege dominiert und die Geschicke der Stadt gelenkt, ohne dabei jemals den Rahmen der ihm gesetzlich gewährten Befugnisse zu überschreiten, so daß er während fünfzehn aufeinanderfolgender Jahre für das Amt des Strategen wiedergewählt wurde, jenem höchsten Amt der Stadt, seit die Archonten per Los bestimmt wurden, das er jedoch mit neun Amtskollegen zu teilen hatte. Der Einfluß, den er auf den *demos* ausübte, war sicherlich auf seine Begabung als Redner und auf seine Intelligenz zurückzuführen, aber auch auf die Tatsache, daß er die angemessenste Art von Politik betrieb, um dem Volk die Mittel zum Leben und die freie Ausübung seiner Autorität im Herzen der Volksversammlung, des Rates und der Gerichte zu sichern. Damit jeder Athener sich seiner Pflichten als Bürger widmen konnte, ohne dabei durch Armut oder die Notwendigkeit einer täglichen Arbeit behindert zu werden, sorgte er für eine Vergütung der öffentlichen Dienste, die *misthophorie*, die zunächst den Richtern der *heliaia*, später auch den Mitgliedern der *boule* der Fünfhundert und den meisten Inhabern öffentlicher Ämter zukam. Über die Vorteile, die der *demos* aus der von Perikles wesentlich mitbegründeten Vorherrschaft Athens über die ägäische Welt ziehen konnte, wurde bereits an anderer Stelle gesprochen. Das Ansehen Athens, die Pracht seiner öffentlichen Bauwerke und der Reichtum des intellektuellen Lebens, als dessen Zentrum es sich fühlen durfte, warfen ihren Glanz zurück auf die Regierung, die lediglich einige unverbesserliche Nostalgiker alles Vergangenen zu kritisieren wagten.

Der Krieg bereitete dieser Blütezeit bald schon ein jähes Ende. Die Vorausahnungen des Perikles wurden, wie wir bereits gesehen haben, alsbald durch die Tatsachen widerlegt. Die ersten peloponnesischen Beutezüge, die Pest und das Ausbleiben entscheidender Siege im ersten Kriegsjahr brachten Perikles um einen Teil seiner Gefolgsleute, die ihm einst das Vertrauen ausgesprochen hatten. Gegen seine Freunde wurden Prozesse angestrengt, so beispielsweise gegen den Philosophen Anaxagoras, und seine Lebensgefährtin, die aus Milet stammende Aspasia, suchte man mit beleidigenden Reden zu treffen, indem man sie als vulgäre Kurtisane hinstellte. Er selbst wurde schließlich angegriffen und sollte Rechenschaft über seine Amtsführung ablegen. Man sprach ihn von den Vorwürfen frei und wählte ihn erneut zum Strategen. Wenig später jedoch starb er, als eines der letzten Opfer der Pest. Die Männer, die ihm auf der Rednertribüne der Versammlung folgten, besaßen weder sein Ansehen noch seine intellektuellen Qualitäten. Gewiß muß man sich angesichts der Parteilichkeit unserer Quellen stets einen Rest an Skepsis bewahren, insbesondere was den Komödiendichter Aristophanes angeht, der schnell mit einer Stichelei gegen die beliebtesten Redner bei der Hand war, jenen Demagogen, deren bescheidene Herkunft und deren Gewöhnlichkeit er gern betonte: der Gerber Kleon, der Töpfer Hyperbolos und der Schafhändler Lysikles, der Perikles im Bett der Aspasia folgte. Kleon war eigentlich ein reicher Mann, dessen Vater bereits wichtige Ämter bekleidet hatte, aber seine ungestüme und manchmal triviale Sprache stand in der Tat in einem deutlichen Gegensatz zur Eleganz und Weitsichtigkeit des Perikles. Das Auftauchen dieser „neuen Politiker" – um einen jüngst von einem amerikanischen Historiker verwendeten Ausdruck aufzugreifen –, die unterschiedlichen Milieus der traditionellen aristokratischen Kreise entstammten, bestätigte all jene in ihrer Feindschaft gegenüber dem Regime, die der Demokratie die Verantwortung für die Mißerfolge Athens geben wollten und selbst zumeist mehrfach zum Opfer des Krieges geworden waren.

Dennoch bedurfte es erst der Katastrophe von Sizilien, bis sie sich endgültig zum Handeln entschlossen. Die Initiative dazu kam von Alkibiades. Dieser junge, bestechende und ehrgeizige Mann war einer der Lieblingsschüler von Sokrates gewesen. Über ihn sind viele Anekdoten überliefert, die Plutarch in seinem *Leben des Alkibiades* zusammengestellt hat. Wir haben bereits erwähnt, daß es Alkibiades war, der für die sizilische Expedition verantwortlich zeichnete und der sie vor der Volksversammlung gegen Nikias, der Zurückhaltung empfohlen hatte, durchsetzte. Wir haben auch gesehen, wie er, durch den Vorwurf eines schweren Frevels kompromittiert, zurückgerufen worden und daraufhin geflo-

hen war. Zunächst hielt er sich in Süditalien, später in
Sparta auf, wo er zum Drahtzieher bei der Belagerung
der Festung von Dekeleia avancierte, bevor er am Hof
des Satrapen Tissaphernes Einzug hielt, einem der einflußreichen Gouverneure in den Provinzen des persischen Reiches. Mit dem Wunsch, nach Athen zurückzukehren, unterbreitete er zu einem Zeitpunkt, in dem sich
die in Sizilien besiegte Stadt in einer sehr verzweifelten
Lage befand, das in den Augen mancher Athener sehr
verlockende Angebot einer finanziellen Hilfe von seiten
des Satrapen, allerdings unter der Bedingung, die politische Konstitution der Stadt zu modifizieren und natürlich ihn selbst zurückzurufen. Ein Teil der Flotte und
der Armee Athens war damals auf Samos stationiert.
Die Verschwörer versuchten nun zunächst, die Strategen
für sich zu gewinnen. Gleichzeitig hatten jedoch die
Feinde der Demokratie, die sich in mehr oder weniger geheimen Vereinigungen, den *hetairien*, zusammenge-
schlossen hatten, in Athen ein Klima des Terrors geschaffen, und als die ersten Verschwörer, von Samos
kommend, die Stadt erreichten, waren die Dinge bereits
so weit fortgeschritten, daß einem Sturz der Demokratie
nichts mehr im Wege stand. Man gab vor, die legalen Formen zu respektieren, d. h. man ließ eine eilig zusam-
mengerufene Versammlung einem Dekret zustimmen,
das dem *demos* seine Macht entzog, und löste dann den
Rat der Fünfhundert auf, um einen neuen Rat mit vierhundert Mitgliedern einzurichten. Dessen Aufgabe bestand in der Erarbeitung einer neuen Verfassung, welche
die Ausübung politischer Rechte ausschließlich fünftausend, in einer Liste namentlich festgehaltenen Athenern
vorbehielt. Nun jedoch fand ein Ereignis statt, das
ebenso bezeichnend für die Natur der griechischen Demokratie wie für die Bindung des *demos* an die Regierung ist. Als die Gesandten der Vierhundert Samos er-

reichten und den athenischen Seeleuten und Soldaten mitteilten, was sich in Athen ereignet hatte, verweigerten diese ihre Unterordnung unter die neue Herrschaftsform. Sie fanden sich auf einer Versammlung zusammen, setzten die Strategen ab, die sich mit der erzwungenen Oligarchie der Stadt verbündet hatten, und setzten andere Befehlshaber an ihre Stelle. Es wäre falsch, dies wie eine Revolution im Herzen der Armee deuten und in den sich der Unterwerfung verweigernden Soldaten und Seeleuten eine Art Sowjet sehen zu wollen. Wie aus den Reden hervorgeht, die ihnen Thukydides zuschreibt, hielten sie sich für den bewaffneten Teil der Stadt, und eine Versammlung abzuhalten, Strategen abzusetzen, die einen Verrat begangen hatten, und an ihrer Stelle neue Befehlshaber einzusetzen, gehörte aus dieser Perspektive schlichtweg zur Ausübung von Demokratie. Dies beweist unbestreitbar, daß diese direkte Demokratie auch tatsächlich ausgeübt wurde und daß der *demos*, entgegen aller Kommentare seiner Gegner und einiger heutiger Kritiker, nicht nur einfach Gegenstand eines Machtspiels in den Händen der Politiker war.

In jedem Fall führte die Weigerung der Armee, das Geschehen in Athen zu billigen, auch zum endgültigen Scheitern des oligarchischen Putschversuches, zumal die phantastischen Versprechen der Verschwörer sich sehr bald als haltlos erwiesen, was zu Streitigkeiten unter den Oligarchen Anlaß gab. Alkibiades hatte sich bereits von ihnen losgesagt und versammelte diejenigen Demokraten von Samos um sich, die es ihm erlaubten, nach Athen zurückzukehren. So wurde die Demokratie wiederhergestellt, und die letzten Kämpfe des Krieges wurden mit doppelter Kraft geführt, was allerdings die Katastrophe letztlich nicht verhindern konnte.

Diese Katastrophe sollte jenen Oligarchen, welche die Waffen nicht niedergelegt hatten, die Gelegenheit zu einem neuen Putschversuch gegen die Demokratie bieten. Die Initiative dazu ging von dem Mann aus, der einst die Friedensbedingungen mit Sparta ausgehandelt hatte, einem Politiker, der in der Revolution von 411 aktiv gewesen war: Theramenes. In Anwesenheit von Lysandros, dem spartanischen Admiral, und der lakedaimonischen Armee, die vor den Mauern von Athen lagerte, stimmte die Volksversammlung einem Dekret zu, das dreißig Bürgern die Aufgabe übertrug, eine neue Verfassung zu erarbeiten. Diesmal verstand sich von selbst, daß die Ausübung politischer Rechte lediglich dreitausend Athenern vorbehalten blieb. Im Jahre 411 war dem Staatsstreich eine Zeit des Terrors vorausgegangen, 404 jedoch war dieser Terror während der gesamten Regierungszeit der Dreißig gegenwärtig. Die demokratischen Redner wurden vertrieben, umgebracht oder ins Exil gezwungen. Einige Monate lang folgte eine Hinrichtung der anderen, wobei all jene Bürger oder Fremde betroffen waren, die man im Einvernehmen mit den exilierten Demokraten wähnte. Einige der letzteren hatten in Theben, in Böotien, Zuflucht gefunden. An ihrer Spitze stand Thrasybulos, einer von jenen, die im Jahre 411 von den revoltierenden Soldaten und Seeleuten zum Strategen gewählt worden waren. Thrasybulos versammelte Kämpfer und Waffen um sich, und es gelang ihm schließlich, in Attika Fuß zu fassen und Piräus einzunehmen. Einige Monate lang häuften sich die Zusammenstöße zwischen „Einwohnern der Stadt" und „Einwohnern von Piräus". Dann erreichte man eine Einigung, nachdem die Dreißig, deren Streitigkeiten stetig zunahmen, von den „Städtern" vertrieben wurden und nach Eleusis fliehen mußten. Die Einigung sah eine Wiederherstellung der Demokratie und eine Amnestie für all jene vor, die an den Verbrechen der Dreißig nicht beteiligt gewesen waren. Das damals in Athen herrschende Klima können wir heute anhand des Berichtes sehr gut erahnen, den uns Xenophon in den *Hellenika* von den damaligen Ereignissen liefert, aber auch anhand der Reden solcher Männer, die unmittelbar in die Ereignisse verstrickt waren, wie beispielsweise die Redner Andokides und Lysias. Letzterer insbesondere war zum Opfer der Dreißig geworden, die einen Teil jener Güter konfiszierten, die er von seinem Vater, dem sehr wohlhabenden Metöken Kephalos, geerbt hatte, und die Dreißig waren es auch, die seinen Bruder Polemarchos umbrachten, der einer der Gesprächsteilnehmer des Sokrates in Platons *Politeia* war. Obwohl er in Athen ein Fremder war, hatte er zur Restauration der Demokratie beigetragen, indem er Thrasybulos alles zur Verfügung stellte, was er von seinem Vermögen hatte retten können. Und dennoch gelang es ihm nicht, den athenischen Bürgerstatus zu erwerben, den Thrasybulos für ihn und für andere Fremde, welche das demokratische Anliegen unterstützt hatten, gefordert hatte.

Entgegen der wiederholten Bekräftigung, die Athener hielten sich an die ausgesprochene Amnestie, bezeugen die Reden des Lysias, die in seinem Namen oder in seiner Eigenschaft als *logograph* (Redeschreiber) für den einen oder anderen Auftraggeber gehalten wurden, daß die Leidenschaften sich nicht hatten besänftigen lassen. Dies gilt es zu vergegenwärtigen, wenn man verstehen will, in welchem Klima der Prozeß des Sokrates stattfinden sollte. Und dieselben Leidenschaften bestimmten auch die ideologischen Debatten, die sich seit der Mitte des Jahrhunderts in den intellektuellen Kreisen Athens entwickelt hatten.

Die ideologische Debatte

Im III. Buch seiner *Histories apodexis* ersinnt Herodot eine Debatte, die sich zwischen drei vornehmen Persern angesichts der Frage entfacht, welche Regierungsform für das immense Reich, das der gewaltsame Tod des Kambyses führungslos hinterlassen hatte, wohl die beste sei. Nacheinander ergreifen Otanes, Megabyzos und Dareios das Wort, der erstere mit dem Rat, die Macht in die Hände der Mehrheit zu geben, der zweite mit einer Lobrede auf die Verdienste der Oligarchie, der Wenigenherrschaft, und der letzte schließlich mit einer Empfehlung zur Beibehaltung der Monarchie. Die Ansicht von Dareios sollte sich am Ende durchsetzen, und Herodot erzählt mit Begeisterung, wie es Dareios gelingt, den Anschein seiner eigenen Vorbestimmtheit zu erwecken, um als Herrscher des Reiches ernannt zu werden. Herodot selbst war sich indes der Tatsache bewußt, daß seine Zuhörer an die Realität dieser Debatte kaum glauben konnten. In den Augen der Griechen, und vor allen Dingen der Athener, galt das persische Reich als Inbegriff der barbarischen Welt, einer Welt, die sich von der griechischen gerade durch ihre Unkenntnis aller zivilisatorischen Werte, und insbesondere der politischen Debatte, unterschied. Die „Barbaren", d. h. die Nicht-Griechen, pflegten sich in der Tat einem Führer zu unterwerfen, während die Griechen freie Menschen und Herren ihres eigenen Geschicks waren. Eine Debatte, wie sie Herodot den drei vornehmen Persern in den Mund legte, war also nur schwer vorstellbar. Man geht allgemein davon aus, daß der Historiker die Gelegenheit ergriff, die ihm durch den Bericht über den Aufstieg des Dareios geboten wurde, um jene Meinungen aufzuzeigen, die sich damals wohl in den athenischen Kreisen zu bilden begannen und die offenbar mit jener Wirklichkeit zusammenhing, die sich unter ihren Augen abzeichnete, nämlich der Souveränität des Volkes. Diese Souveränität des *demos* war ebenso gegen die Tyrannen erkämpft worden (selbst wenn es im konkreten Fall eine aristokratische Koalition gewesen war, die den Machtapparat der Peisistratiden leitete) wie auch gegen die Aristokraten, die hinter Isagoras standen und die Absicht hatten, die Regelung aller städtischen Angelegenheiten ausschließlich einer „kleinen Anzahl" von Bürgern zu überlassen. Im persischen Dialog bei Herodot zählt jeder der drei Gesprächsteilnehmer eifrig die Missetaten des jeweils von ihm kritisierten Regimes auf, die Tyrannis im Fall von Otanes, dem Demokraten, die Souveränität des Volkes bei Megabyzos, dem Oligarchen, und die Demokratie ebenso wie die Oligarchie im Fall von Dareios, dem Anhänger der Autorität eines einzelnen. Im Eintreten für den zukünftigen Herrscher über das Reich findet man bereits die wichtigsten Argumente ausformuliert, welche die Feinde dieser Regierungsform später gegen die Demokratie vorbringen sollten: Wenn das Volk souverän ist, dann sind es die Schlechten *(kakoi)*, die es bald vereinnahmen, und die Gewalt beherrscht dann die Beziehungen der Bürger untereinander, eine Gewalt, die durch finstere Machenschaften verstärkt wird. Aber man findet auch bereits die später bei Platon entfaltete Idee, daß die Oligarchie keinesfalls besser sei, denn solange die Macht in den Händen weniger Männer liege, strebe jeder von ihnen danach, sich in ihren alleinigen Besitz zu bringen. Daraus ergeben sich schließlich Zwistigkeiten, die dem Gleichgewicht der Stadt ebensogroßen

Schaden zufügen. Interessant ist nun festzuhalten, daß sich in diesem Text, dessen Redaktion man auf die Mitte des Jahrhunderts datieren kann, eine Reihe von Themen finden, die im nachsokratischen politischen Denken des 4. Jahrhunderts wieder aufgegriffen werden, allen voran das Thema des guten Monarchen, der als beste Lösung der Regierungsfrage gilt: *„Es gibt nichts Besseres, als wenn der Beste regiert. Er wird untadelig für sein Volk sorgen, und Beschlüsse gegen Feinde des Volkes werden am besten geheimgehalten werden"* (Herodot, *Historien*, III, 82).

Die politische Debatte während des Peloponnesischen Krieges

Wenn der persische Dialog auf diese Weise die Geschichte des politischen Denkens in Griechenland eröffnet, so leitet er gleichzeitig doch nur eine Diskussion ein, die sich erst im letzten Drittel des 5. Jahrhunderts, d. h. zum Zeitpunkt des Peloponnesischen Krieges, entfalten sollte. In den ersten Kriegsjahren wurde vermutlich das Pamphlet gegen die athenische Demokratie, das unter dem Titel *Res publica der Athener* bekannt ist und lange Zeit Xenophon zugeschrieben wurde, verfaßt und veröffentlicht. Die genaue Identität seines Autors bleibt hingegen ungeklärt. Von den ersten Sätzen an gibt er sich als entschiedener Gegner der Demokratie zu erkennen: *„Was die Regierung der Athener betrifft, so lobe ich sie nicht dafür, dieses politische System gewählt zu haben, da sie, indem sie es wählten, die Schlechten zum Schaden der Guten begünstigen wollten."* Man muß dieser Opposition von „Guten" und „Schlechten" offenbar gar keine moralische Wertung verleihen. Für den Autor, wie bereits für die lyrischen

Poeten des vorangegangenen Jahrhunderts, sind die „Guten" einfach die „Wohlgeborenen", die sich selbst als „gut und schön"*(kaloikagathoi)* betiteln, während die „Schlechten" alle „Gemeinen" umfassen, die Nichtadeligen und damit das ungebildete niedere Volk, das sich bei den Angelegenheiten der Stadt unbedingt einmischen zu müssen glaubt. Die Gewandtheit des *„alten Oligarchen"*, wie ihn die angelsächsischen Historiker nennen, zeigt sich, nachdem er die Ausgangsfrage so gestellt hat, in der folgenden Darlegung, bei der scheinbar alles auf eine Herrschaft der „Schlechten" über die „Guten" hinausläuft: der Modus der Benennung für öffentliche Ämter per Losentscheid, die Aufteilung öffentlicher Funktionen, das Recht auf Ergreifen des Wortes in den Versammlungen und natürlich die Hegemonie, die Athen über seine Bündnispartner ausübte. Zu diesem Thema schreibt er: *„Was die Verbündeten betrifft, so bemächtigen sich die Athener des Meeres, um sich Vorteile zu verschaffen [um Abgaben zu erheben], und sie scheinen dabei von einem Geist der Schikane und des Hasses gegen die ehrenwerten Leute beseelt zu sein, wissen sie doch, daß der Herrscher mit dem Haß der Beherrschten rechnen muß und daß, falls die Reichen und Einflußreichen zu den Mächstigsten der Städte werden, die Volkssouveränität in Athen kaum noch eine Überlebenschance haben würde. Aus diesem Grund berauben sie die ehrenwerten Leute ihrer bürgerlichen Rechte, ziehen ihre Güter ein, vertreiben sie und verurteilen sie zum Tode, wohingegen sie unbedeutende Männer befördern."* Das Imperium verschafft dem Volk überdies eine Reihe von materiellen Vorteilen: Indem es die Verbündeten zwang, zur weiteren Verfolgung ihrer Prozesse nach Athen zu kommen, erhoben die Athener Gerichtskosten, die unmittelbar der eigenen Stadtkasse zuflossen und die eine Gehaltszahlung an die Richter erlaubten.

Die Herrschaft, die sie über die Meere ausübten, ließ sie in den Genuß aller Produkte kommen, die im Hafen von Piräus zusammenströmten, so daß sie sogar *„die Geißel, mit der Zeus die Ernten schlägt"* ertragen konnten. Außerdem verfügten sie über alle notwendigen Materialien, die der Ausstattung jener Flotte dienten, auf der ihre Macht letztlich beruhte. Das Volk von Athen fand folglich die Mittel, seine Machtposition in der Stadt zu wahren, allerdings auf Kosten der ehrenwerten Menschen, die auf Gnade und Ungnade steuerpflichtig und fronbar waren, dabei stets in der Bewahrung von Leib und Gut bedroht und gezwungen, an ihrer Seite die Präsenz jener unerwünschten Metöken und Sklaven hinzunehmen, die auf der Straße nichts von den armen Athenern unterschied und denen man nur deswegen eine so große Freiheit zugestand, weil die Stadt für die Vielzahl ihrer Handwerksbetriebe und für ihre Flotte gerade dieser Leute bedurfte.

Der *„alte Oligarch"* war zweifelsohne ein heller Kopf, und die Verbindung, die er zwischen den athenischen Institutionen und der Volkssouveränität herstellte, zeugt von seinem Sinn für die gegebene Realität. Doch auch wenn man darin den Widerhall jener Ideen vernimmt, die Perikles in seiner berühmten Grabrede im ersten Winter nach Kriegsbeginn geäußert hatte, so erkennt man wohl, worin die Geister sich scheiden: Was Perikles als Allgemeingut aller Athener präsentiert, bleibt bei jenem der Demokratie feindlich gesinnten Pamphletisten einer einzelnen Gruppe im Herzen der Stadt vorbehalten, nämlich jener Gruppe der „Schlechten", der Ignoranten und der armen Leute. So äußert Perikles, um nur ein Beispiel für diesen Unterschied anzuführen: *„Dann haben wir uns bei unsrer Denkweise auch von der Arbeit die meisten Erholungen geschaffen: Wettspiele und Opfer, die jahraus, jahrein bei uns*

Brauch sind, und die schönsten häuslichen Einrichtungen, deren tägliche Lust das Bittere verscheucht" (Thukydides, Geschichte des Peloponnesischen Krieges, II, 38). Worauf der *„alte Oligarch"* antwortet: *„Wenden wir uns dem Opfer, den Tempeln, den Festen und den heiligen Stätten zu. Das Volk, wohl wissend, daß es nicht jedem der Armen möglich ist, Opfer darzubringen und Festmahle auszurichten, Tempel zu erbauen und all das, was die Schönheit und Größe der Stadt, die er bewohnt, ausmacht, hat sich daraus ein Mittel ersonnen, diese Vorteile für sich zu nutzen. Die Stadt stellt auf Kosten der Stadtkasse einen Großteil der Opfer zur Verfügung, und das Volk selbst nimmt teil an den Festmahlen und verteilt durch Losverfahren die Opfer unter sich. Gymnasien, Bäder und Vestiarien, zumindest ein Teil der Reichen hatte all dies bei sich zu Hause. Doch das Volk ließ sich selbst auf Kosten der Stadt eine große Zahl von Palästren, Vestiarien und Bäder bauen, und die Plebs erfreute sich daran mehr als die Aristokratie und die Reichen"* (Res publica der Athener, II, 9–10).

Beiläufig stellt sich der *„alte Oligarch"* im Rahmen seines Pamphlets die Frage, ob es möglich sei, die Dinge zu verändern. Aber er kommt zu der Einsicht, daß die Kohärenz des Systems selbst all jenen, die wie er denken, eine solche Hoffnung verbietet. Was jene betrifft, die das bestehende System durch geringe Veränderungen allmählich zu verbessern suchen, so scheint es durchaus möglich, daß sie ihr Ziel eines Tages erreichen werden, aber man hat den Eindruck, daß der Pamphletist kaum an diese Möglichkeit glaubt.

Dennoch sollte, wie wir bereits gesehen haben, der Krieg, indem er die Festen der Bürgerschaft erschütterte, der Frage nach der besten Regierungsform Vorschub leisten. Leider können wir den Inhalt dieser Debatten, die damals die Meinungen auseinandergehen ließen, nur aus indirekten Stellungnahmen rekonstruieren. Thukydides erwähnt in seinem Bericht nur die Diskussionen, die sich unmittelbar auf die Kriegsführung bezogen, wenigstens bis zum VIII. Buch, in dem der Bericht über die Ereignisse von 411 beginnt. Nur indirekt können wir auf die Existenz von Debatten über die Form einer politischen Staatsform schließen, über das, was die Griechen *politeia* nannten, ein komplexer Begriff, den man gewöhnlich mit „Verfassung" übersetzt, was ihn in seiner Bedeutung jedoch verkürzt: Unter *politeia* verstand man vielmehr die gesamte Organisation der Stadt und nicht nur die Institutionen, die sie regierten. Das zeitgenössische Theater, Tragödien von Sophokles und Euripides sowie Komödien von Aristophanes, läßt durch gewisse Anspielungen die Natur dieser Debatten erahnen. Vor allem die Dialoge Platons und Xenophons, die zeitgleich zur letzten Phase des Krieges stattfinden, und die Reden, die Xenophon in den *Hellenika* den unterschiedlichen Protagonisten der zweiten oligarchischen Revolution in den Mund legt, lassen die hauptsächlich debattierten Themen erkennen. Vereinfachend kann man sagen, daß unter den Kritikern der Staatsform einige waren, die, bei einer grundsätzlichen Bejahung des Prinzips, den Mißbrauch bedauerten, der im Namen der Souveränität des *demos* betrieben wurde. Dagegen gingen andere fest davon aus, daß das Volk von Natur aus schlecht und ignorant sei und man ihm deswegen nicht die gleichen Rechte zusprechen dürfe wie denjenigen, deren Abstammung und Reichtum eine bessere Eignung für die Regierungsgeschäfte der Stadt versprachen. Zur Unterscheidung der einen und anderen Fraktion wurden bisweilen Bezeichnungen wie „Gemäßigte" oder „Extremisten" verwendet. Dies verzerrt jedoch das Bild in unzulässiger Weise, da es Oppositionen schafft, die tatsächlich wohl nicht so scharf gezogen wurden. Dessen ungeachtet werden wir die Begriffe im Folgenden der Vereinfachung der Analyse wegen weiterhin verwenden. Auf der einen Seite standen also die „Gemäßigten". Sie akzeptierten die Form der Herrschaft und strebten nicht danach, sie grundsätzlich in Frage zu stellen. Aber sie bedauerten den wachsenden Einfluß, unter dem sich der *demos* von seiten jener Politiker wiederfand, die man *„Demagogen"* zu nennen begann. Denn diese verstrickten ihn, gestärkt durch die Autorität, die sie vor dem Volk dank ihrer rednerischen Talente gewannen, in eine immer gewagtere Politik. Unter diesen Politikern war sicherlich Kleon der markanteste gewesen, der die athenische Politik nach dem Tod des Perikles und bis zu seinem eigenen Tod im Jahre 421 vor Amphipolis bestimmte. Plutarch schreibt über ihn, daß er *„den Anstand von der Rednerbühne verbannte: er war der erste, der beim Reden losbrüllte, sich das Gewand von der Schulter riß, auf den Schenkel schlug, während des Sprechens hin und her rannte und so unter den Politikern die Würdelosigkeit und die Mißachtung des Schicklichen aufbrachte, die wenig später zur Auflösung des Ganzen führte"* (*Leben des Nikias*, 8). Aristophanes, für den Kleon eine bevorzugte Zielscheibe des Spotts abgab, läßt ihn in den *Rittern* mit den Zügen eines barbarischen Sklaven auftreten, der seinen Herrn, den alten Demos, mit fadenscheinigen Schmeicheleien unter seiner Fuchtel hält. Der Komödiendichter beklagt überdies, daß die *demagogia*, die Führung des *demos*, nun in die Hände jener Männer gefallen sei, die ihre Einkünfte der Ausübung verrufener Gewerbe verdankten. So wird Kleon als „Lederverkäufer" bezeichnet, und in den *Rittern* findet sich der paphlagonische Sklave vor einem Wurstverkäufer wieder, der sich anschickt, ihm die Vorzüge des alten Demos zu erläutern. Man sei sich indessen der Tatsache bewußt, daß weder Kleon noch die anderen, von Aristophanes mit Verachtung gestraften „Händler" Männer bescheidener Herkunft waren. Sie waren im Gegenteil sehr reich – Kleon besaß eine Gerberei mit fünfzig Sklaven – und unterschieden sich in ihrer Lebensweise nicht von den Aristokraten, die ihnen bei der Regierung der Stadt vorangegangen waren. Aber sie konnten sich nicht, wie einst Kimon oder Perikles, auf illustre Vorfahren berufen. Und vor allem gelang ihnen erst der Start einer politischen Karriere, als sich inmitten des *demos* bereits die Kluft jener Antagonismen auftat, welche die Folgen des Krieges mit sich gebracht hatten. Aus dieser Perspektive wird auch der Rekurs auf die „dramatischen" Mittel verständlich, die Plutarch als Versuch beschreibt, das Volk von den guten Absichten der von ihnen propagierten Politik zu überzeugen. Man muß übrigens hervorheben, daß es, entgegen dem bei Aristophanes geweckten Anschein, nicht der Reichtum des Kleon war, der sein „demagogisches" Verhalten erklären ließe. Alkibiades, der aus einer alten Adelsfamilie stammte, griff auf die gleichen Mittel zurück, um sich die Gunst des *demos* angesichts seines Gegenspielers Nikias zu sichern, der zwar Grubensklaven besaß, jedoch gleichzeitig traditionelle Werte wie Weisheit und Mäßigung verkörperte.

Aber abgesehen von dieser Strömung, die in ihrer nostalgischen Haltung eher den Menschen selbst als den Institutionen die Schuld an den bestehenden Verhältnissen zuweisen wollte und den Mythos einer „*Demokratie der Vorväter*" zu schaffen begann, die mit den angesehenen Namen Solon und Kleisthenes verknüpft war, gab es eine andere Strömung, die den Prinzipien einer beim Volke liegenden Macht grundsätzlich ablehnend gegenüberstand. Wer dieser Tendenz zusprach, arbeitete an einem anderen Mythos, nämlich dem jener spartanischen *eunomia*, der auf den legendären Gesetzgeber Lykurgos zurückgehenden „guten politischen Organisation". Herodot hatte bereits darauf angespielt, jedoch gewann das

„spartanische Wunder" erst in den letzten Kriegsjahren an Gestalt, als die *politeia* der Lakedaimonier plötzlich wie ein Modell erschien. Leider ist die *Verfassung der Lakedaimonier* des Kritias, einem der Dreißig, der zugleich der Onkel von Platon und ein Freund des Sokrates war, heute nicht mehr erhalten. Aber wir besitzen die Version des Xenophon, in der sich die wichtigsten Aspekte dieser unter manchen Athenern auftretenden Lakonophilie ablesen lassen. Was man an den Spartanern bewunderte, war vor allem ihre Disziplin, ihr Respekt vor den Gesetzen, ihre ganz auf den Krieg ausgerichtete Erziehung, die Ablehnung alles Fremden und aller Handelsbeziehungen, die nur Korruption mit sich brachten, und schließlich die Autorität, derer sich die Ältesten, die Könige und die Ephoren, angesichts eines *demos* erfreuen konnten, dessen Versammlungen ohne tatsächliche Relevanz für die Machtausübung blieben. Man erkennt leicht das Paradox, in das die Athener sich hier verstrickten, wenn sie Sparta lobten und seine Regierung für ein gutes Modell hielten, während sich die Stadt doch gleichzeitig im Krieg mit den Lakedaimoniern befand. Und man versteht wohl auch, warum es gerade anläßlich der von Athen erfahrenen Niederlagen geschah, daß die Oligarchen gleich zweimal eine Gelegenheit witterten, sich als Herren über die Stadt zu erklären.

Freilich dachte keiner von ihnen, ob er nun Anhänger der Gemäßigten oder der Radikalen war, ernsthaft daran, in Athen die so idealisierte Regierungsform der Spartaner einführen zu wollen. Erst im darauffolgenden Jahrhundert fand sich in den utopischen Konstruktionen Platons ein Schimmer dieser Überlegungen wieder. Prosaischer ausgedrückt bedeutet dies, daß die Feinde der Demokratie, ohne allerdings ein präzises „Programm" zu haben, einige Maßnahmen vorsahen, mittels derer sie der Stadt wieder zu ihrem einstigen Gleichgewicht verhelfen wollten. Die einen betrafen die Institutionen selbst. Das Organ, auf das sie abzielten, war der demokratische Rat der Fünfhundert, der von Kleisthenes eingerichtet worden war und dessen Mitglieder jedes Jahr per Los bestimmt wurden. Diesen Rat wollte man entweder durch einen verkleinerten und vor allem nach anderen Kriterien rekrutierten Rat ersetzen oder ihn um eine Kommission aus *probouloi*, d. h. mit einer Kontrollfunktion über die Gesetze und die Institutionen ausgestatteten Beamten, ergänzen. Die Einstellung der *misthoi*, jener zur Entlohnung der Ausübung öffentlicher Funktionen ausgezahlten Gehälter, war eine Folge dieser Reduzierung des Machtbereichs der *boule*. Allerdings hatten andere in Erwägung gezogene Maßnahmen eine weitaus größere Tragweite: Sie zielten auf eine Reduzierung der Anzahl jener, die *„an der* politeia *partizipierten"*, anders gesagt: die sich im Vollbesitz politischer Rechte wähnten. Das eigentliche Ausschlußkriterium wurde nicht genauer definiert, aber dahinter stand offenbar die Absicht, all jene dem politischen Handeln fernzuhalten, die keine hoplitischen Fertigkeiten erworben hatten, die also – um eine von Xenophon dem Theramenes, einem der Vertreter dieser oligarchischen Strömung, zugeschriebene Formulierung aufzugreifen – nicht in der Lage waren, *„die Stadt, sei es mit ihrem Pferd, sei es mit ihrem Schild"*, zu verteidigen. Dies betraf explizit die Menge der Theten, dieser in der Hierarchie des Zensus ganz unten stehenden Bürgerklasse, die auf den Flottenschiffen arbeitete und den bei weitem aktivsten Teil des *demos* bildete. Im Jahre 411 gingen die Oligarchen von einer Zahl von fünftausend Bürgern aus, die für die Erhaltung der *politeia* verantwortlich sein sollten, im Jahre 404 dagegen nur noch von dreitausend. Dabei wissen wir, daß 411 bei der Einrichtung eines „Kataloges" der „aktiven" Bürger eine Einschreibung von neuntausend Namen erreicht werden konnte, eine Zahl, die in der letzten Phase des Krieges wohl eher dem tatsächlichen Bestand der Bürgerschaft in den drei unteren Zensusklassen entspricht. Das Kriterium der hoplitischen Fertigkeiten war jedoch nicht der einzige Maßstab, den die Verfechter einer mehr oder weniger geschlossenen Oligarchie anlegten. Die „Gemäßigten" brachten ihrerseits ein anderes Kriterium ins Spiel, nämlich den Besitz von Grund und Boden. Dies bedeutete eine Aufwertung der Verbindung von Grundbesitz und Bürgerschaft, die in vielen Städten noch untrennbar schien. Während in Athen zwar nur ein Bürger Grundbesitz erwerben konnte, so konnte man umgekehrt doch Bürger der Stadt sein, ohne eigenen Grund und Boden zu besitzen. Am Vorabend der zweiten demokratischen Restauration schlug einer der „Gemäßigten", ein gewisser Phormisios, vor, die Vollbürgerschaft nur jenen zu gewähren, die über Grundbesitz verfügten. Der Vorschlag wurde abgelehnt, aber wäre er angenommen worden, dann hätte dies fünftausend Athener um ihre politischen Rechte gebracht. Wenn man sich vergegenwärtigt, daß in der Stadt damals etwa dreißigtausend Bürger lebten, so läßt sich daraus schließen, daß dieses letztere Kriterium weit weniger ausgrenzend wirkte als jenes der hoplitischen Fertigkeiten. Es paßte besser ins Konzept derjenigen, die, wie der Dichter Aristophanes, ihre Attacken weniger gegen die politische Staatsform als vielmehr gegen ihren vermeintlichen Verfall richteten und ihre Hoffnungen auf eine Demokratie setzten, welche durch die Klasse der Bauern erneuert werden könnte, indem diese Klasse zur Erfüllung ihrer Bedürfnisse das reklamierte, was ein moderner Autor als *„Bauernrepublik"* bezeichnet hat.

Man kann folglich angesichts dieser verschiedenen Denkrichtungen nicht eigentlich von einer politischen „Programmatik" sprechen. Es geht höchstens um einzelne Fragen, die in jenen politischen Milieus diskutiert wurden, die sich vom zunehmend radikalen Charakter der Demokratie, aber auch von den Mißerfolgen der athenischen Politik irritiert sahen. Die Allmacht des Rates und der Volksversammlung einzuschränken und die Ärmsten bzw. all diejenigen ohne Grund- und Bodenbesitz aus den politischen Entscheidungen auszuklammern – so lauteten die vorrangigen Ziele der meisten Wortführer, die im Verlauf der beiden oligarchischen Revolutionen am Ende des 5. Jahrhunderts in Erscheinung traten. Auf ebenso radikale Weise wurde die Demokratie jedoch von verschiedenen kleinen Gruppen junger Männer in Frage gestellt, die fast immer aus aristokratischen Kreisen hervorgingen und die sich von jenen gelehrten Männern unterweisen ließen, die oft fremder Herkunft und eigens zur Lehre nach Athen gekommen waren und die man die Sophisten nannte.

Die sophistische Bewegung

Die sophistische Bewegung erscheint als eine Strömung, die sich im griechischen Denken in der zweiten Hälfte des 5. Jahrhunderts herausbilden konnte. Als Erbin der rationalistischen Tradition der Ionier fügte sie der Reflexion über den Menschen und die Gesellschaft die Technik der Rede und Widerrede hinzu, die sie der politischen Erfahrung entnehmen konnte. Leider sind uns die Werke der wichtigsten Sophisten heute kaum bekannt, da sie nur entweder in Form von Fragmenten oder über die Anspielungen, die Platon auf einige von ihnen macht, zugänglich sind. Die Sophisten, die für gewöhnlich fremder Herkunft waren – Protagoras kam aus Abdera, Hippias aus Elis und Gorgias aus Leontinoi –, ließen sich ihre Unterrichtsstunden teuer bezahlen, und dies trug bereits erheblich zu jener Klage bei, die Platon gegen sie erhob. Aber die Gespräche zwischen ihnen und den aus den besten Familien stammenden jungen Athenern, die Sokrates umgaben, bezeugen nach den Berichten Platons, daß ihr Unterricht sehr gut besucht war und daß der Einzug berühmter Sophisten in eine Stadt, die zu jener Zeit das Zentrum des intellektuellen Lebens in Griechenland bildete, mit Interesse, ja manchmal sogar enthusiastisch begrüßt wurde. Zu Beginn des *Protagoras* schildert Sokrates einem Freund, wie er frühmorgens von einem jungen Mann namens Hippokrates geweckt wird, der ganz erfüllt ist von dem Gedanken, daß Protagoras nach Athen kommen wolle, und der ihm gesteht: *„Denn ich selbst bin nicht nur zu jung, sondern habe auch den Protagoras noch niemals weder gesehen noch gesprochen, denn ich war noch ein Kind, als er das erste Mal hierher kam. Aber alle, o Sokrates, loben ja den Mann und sagen, er wäre der kunstreichste im Reden. Warum aber gehen wir nicht gleich zu ihm, damit wir ihn noch zu Hause treffen? Er wohnt, wie ich gehört habe, bei dem Kallias, dem Sohne des Hipponikos"* (Protagoras, 310e). Ein wenig später im Text beschreibt Sokrates den Zustrom, den die Anwesenheit des Protagoras im Hause von Kallias bewirkt hat, folgendermaßen: *„Als wir nun hineintraten, fanden wir den Protagoras im bedeckten Gange herumwandelnd. Mit ihm wandelten hintereinander auf der einen Seite Kallias, der Sohn des Hipponikos, und sein Halbbruder von mütterlicher Seite, Paralos, der Sohn des Perikles, und Charmides, der Sohn des Glaukon; auf der anderen Seite aber der andere Sohn des Perikles, Xanthippos, und Philippides, der Sohn des Philomelos, und Antimoiros von Menda, der gepriesenste unter allen Schülern des Protagoras, der auch ordentlich auf die Kunst bei ihm lernt, um selbst ein Sophist zu werden. Die übrigen hinter diesen folgenden, Zuhörer nur des*

Gesprochenen, waren größtenteils Fremde, deren Prota-
goras aus allen Städten, die er durchzieht, mitbringt, sie
mittels der Töne Gewalt kirrend, wie Orpheus, und sie
folgen ihm auf den Ton, die Gekirrten; indes befanden
sich doch auch einige Einheimische unter dem Chor"
(*Protagoras,* 314e-315a).

Wie kommt es zu einem solchen Enthusiasmus und
zu einer solchen Schwärmerei? In erster Linie lassen sie
sich wohl darauf zurückführen, daß die Sophisten sich
als Hüter eines Wissens verstanden, welches sie in der
Lage waren, ihren Zuhörern zu vermitteln, ein Wissen,
das jenen erlauben sollte, allen erdenklichen Fragen begegnen zu können und somit eine glänzende politische
Karriere zu beginnen. Auf die Frage des Sokrates nach
dem Gegenstand seiner Lehre antwortet Gorgias: *„die*
Rhetorik". Protagoras behauptet seinerseits, die jungen
Leute in der *„Tugend"* unterrichten zu können, *„wie*
sie ihr Hauswesen am besten verwalten, und dann
auch in den Angelegenheiten des Staates, wie er am ge-
schicktesten sein wird, diese sowohl zu führen als auch
darüber zu reden" (*Protagoras,* 318–319a).

Wären die Sophisten indessen nur Lehrmeister der
Eloquenz gewesen, dann hätten sie wohl nicht solche Begeisterung unter den ambitionierten Jugendlichen und
nicht so viel Haß auf seiten ihrer Gegner hervorgerufen.
Es scheint vielmehr so, als breche ihre Lehre mit der Tradition, indem sie von einer nur relativen und einzig von
den jeweiligen Umständen abhängigen Beschaffenheit
jener Regeln ausgeht, die eine menschliche Gemeinschaft bestimmen. Diese Bekräftigung des relativen Charakters und des menschlichen Ursprungs der Gesetze
stand in Opposition zur traditionellen Auffassung, der
zufolge die Anregung zu den *nomoi,* den Gesetzen, allein
von den Göttern ausging. Gleichzeitig schimmerte hier
etwas auf, das man sich bislang nicht hatte vorstellen

können und das beinahe an ein Sakrileg grenzte, nämlich die Möglichkeit, die Natur der Götter selbst in Frage zu stellen, was einige Sophisten mit solcher Konsequenz betrieben, daß die Götter schließlich nur noch als Erfindungen des menschlichen Geistes dastanden.

Dennoch sollte man sich hüten, die sophistische Bewegung wie eine einheitliche Doktrin zu betrachten. Obwohl alle Sophisten auf eine Infragestellung der Tradition abzielten, gab es in ihren Ansätzen doch feine Nuancierungen, über die man nicht hinwegsehen darf. Vor allem Protagoras gilt es gesondert zu betrachten, der offenbar ein Hausfreund des Perikles war (im erwähnten Dialog, der seinen Namen trägt, erwähnt Platon die Anwesenheit der beiden Söhne des Strategen unter seinen Zuhörern) und mit dessen Gedanken wir ein wenig besser vertraut sind, weil Platon für ihn immerhin eine so große Wertschätzung hegte, daß er ihn nicht auf den Rang jener ein wenig lächerlichen Marionetten herabwürdigte, wie er dies bei Hippias oder Gorgias getan hat. Im *Protagoras* gewährt er ihm einen langen Bericht, eine Erzählung *(muthos)*, mittels derer der Sophist zu erklären sucht, wie es den Menschen gelang, in einer Gemeinschaft zusammenzuleben, nachdem Hermes ihnen das Geschenk des Zeus überbracht hatte, nämlich den politischen Verstand, der auf den Prinzipien von Respekt und Gerechtigkeit beruht. Dieser politische Verstand hat erst jenen menschlichen Entwurf eines Stadtgefüges ermöglicht, und ihn wiederum muß man die Menschen lehren, wenn die Stadt eine gute Regierung erhalten soll. Was aber hier die Originalität im Gedanken des Protagoras ausmacht, ist seine Überzeugung, daß jeder Mensch, wer er auch sei, Zugang zu dieser Weisheit erlangen könne: *„Denn"*, so folgerte er, indem er sich an Sokrates wendet, *„wenn es so etwas gibt, und wenn dieses Etwas nicht die Zimmermannskunst ist noch die Schmiedekunst, noch die Töp-*

ferkunst, sondern die Gerechtigkeit und die Besonnenheit und das Frommsein (...), und wenn bei so bewandten Sachen deine vortrefflichen Männer ihre Söhne in allem anderen unterrichten lassen, hierin aber nicht: so sieh doch zu, wie wunderlich diese trefflichen Männer sein müssen. Denn daß sie es für lehrbar halten zu Hause und öffentlich im Staate, das haben wir gezeigt" (Protagoras, 324e–325b). Protagoras, so läßt sich hieraus schließen, verschreibt sich ganz einem demokratischen Denken, das jedem, sei er auch noch so einfachen Standes, seinen Teil des göttlichen Geschenkes und folglich auch jene politische Weisheit zugesteht, welche die Souveränität der Mehrheit rechtfertigt.

In einem anderen Dialog Platons, dem *Theaitetos*, wird Protagoras' Behauptung diskutiert, es könne keine über das sinnlich Wahrnehmbare hinausgehenden Erkenntnisse geben, und aus diesem Grunde gebe es keine absoluten, sondern immer nur relative Wahrheiten und Meinungen *(doxai)*. Diese Überlegung führt ihn zu den berühmten Formulierungen, die ihm die Tradition zuschreibt: *„Von den Göttern kann ich nicht wissen, ob sie existieren oder nicht existieren, noch wem sie gleichen, denn einem solchen Wissen liegen zahlreiche Hindernisse im Wege, der Mangel an Gewißheit ebenso wie die Kürze des Lebens"* sowie *„Der Mensch ist das Maß aller Dinge, der seienden, daß sie sind, der nichtseienden, daß sie nicht sind."* Diese Thesen müssen im politischen Sinne und mit dem Ziel verstanden werden, die Auffassung von der Relativität menschlicher Gesetze zu bekräftigen.

Protagoras begründete diese Relativität mit dem göttlichen Teil, den jeder Mensch von Zeus erhalten habe. Aus diesem Grunde dürfe jeder Bürger, wenn doch in jeder Stadt die Gesetze im Interesse der Allgemeinheit festgelegt worden seien und unabhängig davon, wie auch immer seine persönliche Meinung darüber sei, in seinem Verhalten nicht dem gemeinschaftlichen und in den Gesetzen ausgedrückten Willen zuwiderhandeln. Andere Sophisten kamen hingegen, bei gleichen Prämissen, zu ganz anderen Schlußfolgerungen. Da eine Wahrheit nur in Form einer Meinung existierte, war folglich jede Meinung, sofern sie überzeugend vorgetragen wurde, gerechtfertigt. Und die Technik der Überredung reichte dabei so weit, eine gleichzeitige Behauptung einer Sache sowie ihres genauen Gegenteils oder aber eine Beweisführung bis zur Absurdität zuzulassen. In politischer Hinsicht waren die Konsequenzen eines solchen Relativismus noch viel weitreichender, denn er erlaubte es, die traditionellen staatsbürgerlichen Werte anzufechten, also etwa im Namen der Natur den Vorrang der reinen Stärke vor dem Gesetz zu behaupten. Diese These vertritt Kallikles im *Gorgias* von Platon. Nachdem er bekräftigt hat, daß *„sich größtenteils die Natur und das Gesetz entgegenstehn"*, fährt er emphatisch fort: *„Allein ich denke, die die Gesetze geben, das sind die Schwachen und der große Haufe. In Beziehung auf sich selbst also und das, was ihnen nützt, bestimmen sie die Gesetze und das Löbliche, was gelobt, das Tadelhafte, was getadelt werden soll; und um kräftigere Menschen, welche mehr haben könnten, in Furcht zu halten, damit diese nicht mehr haben mögen als sie selbst, sagen sie, es sei häßlich und ungerecht, für sich immer auf mehr auszugehn, und das ist nun das Unrechttun, wenn man sucht, mehr zu haben als die andern. Denn sie selbst, meine ich, sind ganz zufrieden, wenn sie nur gleiches erhalten, da sie die Schlechteren sind"* (*Gorgias*, 483b–c). Die Bekräftigung einer Relativität der Gesetze führte so nicht nur zu einer Infragestellung aller Werte, sondern auch, und zwar im Namen der Natur, zu einer Negation des Gleichheitsprinzips, das den Kern jeder Demokratie bildet. Kallikles ist vermutlich nur eine fiktive Person. Aber die Reden, die ihm Platon in den Mund legt, entsprechen genau jenen Thesen der Sophisten der zweiten Generation, zu denen etwa der Athener Antiphon oder Thrasymachos aus Kalchedon zählen. Von ersterem sind uns einige Fragmente seines Werkes *Über die Wahrheit* erhalten geblieben, darunter eines mit folgender Ausgangsthese: *„Es ist sehr nützlich, sich gerecht zu verhalten – das heißt den Gesetzen gemäß –, sofern man Zeugen für sein Verhalten hat. Wenn man aber nicht Gefahr läuft, entdeckt zu werden, braucht man auch nicht gerecht sein."* Für Antiphon wie für Kallikles sind die Gesetze Vereinbarungen, welche die Menschen zur Regelung ihres Zusammenlebens treffen. Sie können daher von all jenen ungestraft abgeändert werden, die nicht Teil dieses „Gesellschaftsvertrages" sind oder die seine Regeln nicht akzeptieren. Anders verhält es sich hingegen mit den *„Naturgesetzen"*, die ihrerseits nicht transformiert werden können, ohne der natürlichen Ordnung damit Gewalt anzutun.

Von Thrasymachos aus Kalchedon kennen wir außer einem kurzen rhetorischen Fragment nur die Reden, die ihm Platon im I. Buch der *Politeia* zuschreibt. Auch er betont, daß *„das Gerechte nur das dem Stärkeren Zuträgliche ist"*, und aus der Relativität der konventionellen Gesetze leitet er die Schlußfolgerung ab, daß *„jegliche Regierung die Gesetze nach dem gibt, was ihr zuträglich ist, die Demokratie demokratische, die Tyrannei tyrannische und die andern ebenso. Und indem sie sie so geben, zeigen sie also, daß dieses ihnen Nützliche das Gerechte ist für die Regierten. Und den dieses Übertretenden strafen sie als gesetzwidrig und ungerecht handelnd. Dies nun, o Bester, ist das, wovon ich meine, daß es in allen Staaten dasselbe Gerechte ist, das der bestehenden Regierung Zuträgliche"* (*Politeia*, 338e–339a).

Reden von dieser Art können uns Aufschluß geben über die große Bedeutung, die der Lehre der Sophisten im aufgebrachten Klima am Ende des 5. Jahrhunderts zukam, und wie sie durch ihren Reichtum und die Vielfalt der in ihr vertretenen Meinungen die politischen Kontroversen zu schüren vermochte. Denn die Sophistik konnte, wie wir am Beispiel des Protagoras gesehen haben, ebenso den demokratischen Diskurs wie auch den Diskurs der Gegner dieser Staatsform legitimieren. Und man erinnere sich nur daran, daß traditionell auch der Athener Kritias, der Onkel Platons, aber auch einer der Dreißig aus dem Jahre 404, zu den Sophisten gezählt wird. Ihm verdanken wir einen sehr außergewöhnlichen Text über die Natur der Gesetze und den Ursprung der Götter, dessen Thesen weit über die Behauptungen von Kallikles oder Thrasymachos hinausreichen: *„Es gab eine Zeit"*, läßt er einen seiner Protagonisten in der Tragödie *Sisyphos* sagen, *„in der das Leben des Menschen aus der Ordnung geraten war und durch brutale Gewalt kontrolliert wurde, wie das wilder Tiere. Es gab damals weder für die Guten eine Belohnung noch für die Bösen eine Bestrafung. Dann kamen die Menschen auf die Idee, Gesetze als Instrument der Bestrafung aufzustellen, damit allein die Gerechtigkeit zur Herrschaft gelange und die Gewalt in Schach hielte. Wenn nun also jemand vom rechten Weg abgekommen war, wurde er bestraft. Aber weil die Gesetze nur die sichtbaren Akte der Gewalt bestraften, fuhren die Menschen fort, ihre Verbrechen im Geheimen zu begehen. Damals nun erkannte, wie ich glaube, ein entschlossener und weitblickender Mann die Notwendigkeit, Vorkehrungen zu treffen, die sich auch gegen Verbrechen als wirkungsvoll erweisen sollten, die man nur in Gedanken oder im verborgenen Handeln verübte. So wurde die Idee der Gottheit, eines immer aktiven und starken Gottes einge-*

führt, der im Geiste all das sieht und hört, was die Menschen tun und sagen. Auf diese Weise entstand der Glaube an die Götter und der Gehorsam gegenüber den Gesetzen. "

Einige Begebenheiten, die sich am Vorabend der sizilischen Expedition ereigneten, zeugen davon, daß die Vorstellungen, die Kritias sich von den Göttern machte, von manchen jungen athenischen Aristokraten und Schülern der Sophisten offenbar geteilt wurden. Wenige Tage vor dem Ablegen der Flotte kam es zur Verstümmelung der Hermen, jener an Kreuzungen und vor den Häusern aufgestellten Marksteine, die den Kopf des Gottes Hermes zeigten. Außerdem berichteten Sklaven, die man der Folter unterzogen hatte, daß in manchen Häusern Athens Parodien der Mysterien von Eleusis abgehalten wurden. Der Name Alkibiades fiel in diesem Zusammenhang, und die Folgen dieser Affäre für die gesamte sizilische Expedition sind hinlänglich bekannt. Die Emotionen, die dieser Vorfall in Athen aufwallen ließ, verweist jedenfalls auf die Tatsache, daß die Mehrzahl der Athener solchen Spekulationen eher feindlich gegenüberstand und darin einen Angriff auf die traditionelle Religion sah. Noch einmal müssen wir uns Aristophanes zuwenden, um die Kluft zwischen der Rolle, welche die Sophisten tatsächlich spielten, und der Art, wie sie in der öffentlichen Meinung wahrgenommen wurden, zu ermessen. In seiner Komödie mit dem Titel *„Die Wolken"* läßt er einen betagten Athener auftreten, der durch die Verschwendungssucht seines Sohnes, der sich im Kreise der goldenen Jugend Athens vergnügt, hoch verschuldet ist. Der Alte beschließt, seinen Sohn in die Lehre der Weisen zu schicken, die sich im benachbarten *„Pensorium"* versammeln, damit er von ihnen die Mittel erlerne, seinen Gläubigern zu entkommen: *„Sieh"*, sagt der alte Strepsiades zu seinem Sohn, *„die verstehn* *sich auf zwei Künste dort, die Kunst der guten und der schlechten Sache. Der Redner, der der schlechten sich bedient, gewinnt, und wenn er zehnmal unrecht hätte. Nun sieh, wenn du die schlechte Kunst mir lernst, dann kriegt kein Gläubiger von allem Geld, das ich für dich geborgt, 'nen Obolos.* " Da der junge Mann das Anliegen zunächst von sich weist, macht sich Strepsiades selbst auf den Weg ins *„Pensorium"* der Philosophen, um sich dort sagen zu lassen, daß *„hier die Götter nichts weiter sind als abgeschätzte Münz'"*. Es ist kein anderer als Sokrates, der in dieser Komödie, die vor dem versammelten Volk im Theater von Athen gespielt wird, wie ein Meisterdenker unter all diesen Sophisten erscheint, welche die Existenz der Götter leugnen, eine ungerechte Argumentation der gerechten vorziehen und den jungen Phidippides schließlich mit der Behauptung verführen, jedes Gesetz könne, da es nur relativ sei, ungestraft gebeugt werden, und der Mensch sei insofern auch frei, ein Gesetz, das ihm vorschreibt, er solle seine Eltern respektieren, durch eines zu ersetzen, das ihm erlaubt, sie zu schlagen.

Es ist nun an der Zeit, uns Sokrates zuzuwenden, um verstehen zu können, wie er von Aristophanes als Idealtypus und Vordenker unter den Sophisten, von seinen Schülern hingegen als ihr erbittertster Gegner betrachtet werden konnte.

Sokrates

Sokrates gilt als einer der größten Denker in der Geschichte der Menschheit. Und dennoch ist er uns nur durch die Aussagen seiner Schüler und über die Legende bekannt, die sich um ihn und vor allem um seinen heroischen Tod herausgebildet hat. Im Unterschied zu vielen seiner Zeitgenossen und insbesondere jener Sophisten, mit denen ihn die öffentliche Meinung in Athen gleichsetzte, hat er keine einzige Schrift hinterlassen. Seine Lehre wurde vielmehr ausschließlich mündlich tradiert, und nur im Gespräch mit seinen Schülern entwickelte er seine Philosophie. Dies bereitet dem Historiker natürlich einige Schwierigkeiten, sofern er sich anschickt, die Persönlichkeit des Philosophen – und mehr noch seine Ideen – verstehen zu wollen.

Die Zeugen: Xenophon und Platon

Abgesehen von der absichtlich überzogenen Karikatur, die uns Aristophanes zur Belustigung in den *Wolken* liefert, findet das sokratische Denken vor allem im Werk zweier seiner Schüler, nämlich Xenophon und Platon, Ausdruck. Beide sind Athener aus guter Familie. Aber diese Gemeinsamkeit hinderte sie nicht daran, völlig verschiedene Wege einzuschlagen. Xenophon, der Sohn des Gryllos und aus Erchia stammend, wurde um 428/427 geboren. Dies bedeutet, daß er genau in jenem Moment der großen Niederlage Athens Einzug ins politische

Leben hielt. Die ersten Bücher seiner *Hellenika*, welche die Geschichte der griechischen Welt vom Jahre 410 bis zur Schlacht von Mantineia 362 abdecken, zeugen von seiner Anwesenheit in Athen während der Jahre, die unmittelbar auf die erste oligarchische Revolution folgten und schließlich in eine zweite Revolution mündeten. Im übrigen verbirgt er keineswegs seine Sympathien für die Gemäßigteren unter den Oligarchen, insbesondere für Theramenes, dem er die bereits erwähnte Rede über all jene zuschreibt, die durch ihren Status als Hopliten und Reiter allein zu einer Teilnahme am politischen Geschehen berechtigt sein sollten, von dem aber umgekehrt alle Armen, also all jene, die *„bereit sind, die Stadt für eine einzige Drachme zu verkaufen"*, auszuschließen seien. Ihm verdanken wir auch den überaus lebhaften Bericht über jene Sitzung der Volksversammlung, im Laufe derer die aus der Schlacht bei den arginusischen Inseln 407/406 siegreich hervorgegangenen Generäle unter dem Druck der Menge zum Tode verurteilt wurden, weil sie die Schiffbrüchigen der versenkten Schiffe nicht hatten retten können. Leicht wird man verstehen, daß seine Sympathien für die gemäßigte Oligarchie und seine Bewunderung für Sparta ihn bald dazu bewegten, Athen zu verlassen. Vielleicht war es auch der Reiz des Abenteuers, der ihn sich der Armee griechischer Söldner anschließen ließ, die vom Bruder des Perserkönigs, dem jungen Kyros, angeworben wurden, um die Macht an sich zu reißen. Der Versuch schlug fehl, denn das Heer des Königs schlug die Armee des Kyros, und die Umstände führten dazu, daß Xenophon sich bei deren Rückkehr nach Europa an die Spitze der griechischen Söldner stellte, jene *Anabasis*, die er später zum Gegenstand eines seiner Werke wählen sollte. Als er nach Athen zurückkehrte, erfuhr er dort von der Verurteilung und dem Tod des Sokrates, dessen treuer Schüler er gewesen war.

Vermutlich ging er infolge dieser Ereignisse, freiwillig oder aufgrund einer Verbannung, ins Exil und begab sich nach Sparta zu seinem Freund, dem König Agesilaos, der ihm von den Spartiaten ein Anwesen in der Nähe von Olympia übereignen ließ. Dort muß er wohl den größten Teil seines Lebens damit verbracht haben, seine Erinnerungen an Sokrates in einer Art Anekdotensammlung schriftlich festzuhalten, die wir unter dem Titel der *Memorabilien* bzw. der *Erinnerungen an Sokrates* kennen. Des weiteren hinterließ er eine *Verteidigung des Sokrates*, welche die Umstände des Prozesses aufzurollen versucht, sowie verschiedene Werke, die sich ebenso der Hausverwaltung widmen (der *Oikonomikos* ist in Form eines Dialoges mit Sokrates gehalten) wie auch der Jagd, der Reitkunst oder der Erziehung (einer spartanischen Erziehung im *Staat der Lakedaimonier*, einer persischen hingegen in der *Kyrupädie*). Man weiß nicht genau, welchen Umständen es zu verdanken ist, daß er nach Athen zurückkehren konnte, wo er die letzten Jahre seines Lebens verbrachte. Einer seiner Söhne wurde in der Schlacht von Mantineia 362 in den Reihen der Athener getötet, und eines seiner letzten Werke, *Über die Staatseinkünfte*, zeigt ihn um die Anschaffung finanzieller Mittel besorgt, welche die Einkünfte der Stadt in einem Moment anheben könnten, in dem – etwa um 356 – die kurzzeitig wiedergewonnene athenische Vormachtstellung in der Ägäis erneut ins Wanken geriet.

Das Werk von Xenophon ist beträchtlich, sehr unterschiedlich und von großem Interesse für einen Historiker, der sich mit der griechischen Welt beschäftigt. Was aber Sokrates angeht, so erfahren wir bei Xenophon nur recht wenig über ihn: einige Anekdoten in den *Erinnerungen*, einige Reflexionen im *Oikonomikos* und im *Symposion*, einige Informationen über den Prozeß in der *Verteidigung* und jene wertvolle, wenngleich nur beiläufig eingestreute Angabe, daß Sokrates zum Zeitpunkt der Verhandlung gegen die Generäle der Arginusen *Prytane* war, d. h. zu den fünfzig Mitgliedern der *boule* zählte, die durch Los für ein Jahr in einer Phyle gewählt wurden und für ein Zehntel des Jahres den Vorsitz in der Volksversammlung führten. Xenophon erweist sich jedoch, obwohl er ein gewissenhafter Beobachter und ein klarer und lebhafter Schriftsteller ist, nicht gerade als großer Denker. Sein Sokrates erscheint in allen Werken, in denen er auftritt, wie ein Mann von gesundem Menschenverstand, der die Götter und die Gesetze respektiert und der Demokratie zwar mit einem kritischen und bisweilen ironischen Urteil entgegentritt, aber letztlich ohne große Originalität bleibt.

Ganz anders zeigt sich Sokrates bei Platon. Platon gehörte, wie Xenophon, zwar zu den angesehenen Kreisen Athens, aber seine Familie war offenbar noch adeligeren Ursprungs. Alles prädestinierte ihn für eine glänzende Karriere als Politiker, aber es waren, wie er selbst in einem allgemein als authentisch betrachteten Brief zugibt, die Kampfeswirren, welche die Stadt zerrissen, als er das Mannesalter erreichte (er wurde nur wenig früher als Xenophon, nämlich um 429 geboren), sowie die Verurteilung des Sokrates zum Tode, die ihn von jeder politischen Aktivität Abstand nehmen ließen. Nach 399 scheint er mit anderen Schülern des Sokrates nach Megara ins Exil gegangen zu sein, später durchreiste er die ägäische Inselwelt und kam um 387 nach Sizilien, wo damals der Tyrann Dionysios regierte. Bei seiner Rückkehr muß er wohl von Piraten gefangengenommen, als Sklave verkauft und schließlich wieder zurückgekauft worden sein. Von da an hielt er sich in Athen auf und lehrte bis zu seinem Tod im Jahre 347 in den Gärten, die dem Heros Akademos geweiht waren – aus dieser Tatsache leitet sich im übrigen der Name „Akademie" her, der seiner Schule gegeben wurde. Zweimal sollte er nach Syrakus zurückkehren, in der Hoffnung, nach dem Tod von Dionysios seinen Traum einer von einem Philosophen regierten Stadt verwirklichen zu können, eine Rolle, in der er zunächst den jungen Dionysios II., später dessen Onkel Dion sehen wollte.

Im Unterschied zu Xenophon wird sein Werk ganz von der Person des Sokrates dominiert, der nur in seinem letzten Werk, den *Gesetzen*, fehlt. Dies bedeutet auch, daß sich sein Werk, mit Ausnahme der *Apologie*, in Form von Dialogen präsentiert, in denen Sokrates der herausragende Gesprächsteilnehmer und eigentliche Drahtzieher ist, wie es sich wenigstens in den ersten Dialogen und im *Staat* beobachten läßt. Hingegen wird seine Rolle in den Dialogen der letzten Periode deutlich schwächer, die ihn nicht mehr so sehr als Sprachrohr der platonischen Gedanken zeigen, sondern vielmehr die Originalität Platons gegenüber seinem Lehrer dokumentieren.

Sokrates ist bei Platon eine viel komplexere und spannendere Persönlichkeit als bei Xenophon. Durch den subtilen Einsatz von Ironie führt er seine Gesprächspartner auf bewundernswerte Weise genau dahin, wo er sie haben will, und täuscht ihnen zu Beginn Bescheidenheit und Ignoranz vor, um sie durch geschickt aufeinander aufbauende Fragen in Widersprüche zu verwickeln. Ganz eindeutig ist es verlockender, den Sokrates des *Kriton*, des *Phaidon* oder des *Staates* für wahrer zu halten als den der *Memorabilien*. Aber man darf die Magie der platonischen Worte nicht unterschätzen. Platon ist ebensosehr ein bewundernswerter Schriftsteller wie ein großer Philosoph. Es ist nicht immer leicht, in den Reden, die er Sokrates in den Mund legt, zwischen dem zu unterscheiden, was von seinem Lehrer und was von ihm stammt. Für den Historiker, der zu verstehen sucht, wer denn Sokrates gewesen ist und warum die Athener ihn zum Tode verurteilt haben, gilt es folglich, sich der Verführungskraft der platonischen Werke zu entziehen und über dem für authentisch gehaltenen Sokrates der frühen Dialoge nicht das zu vergessen, was uns Xenophon andernorts über einige ebenso reale Züge des Philosophen zu berichten weiß.

Der Mensch Sokrates

Sokrates wurde um 469 in Athen geboren. Sein Vater Sophroniskos, der aus Alopeke stammte, war ein Künstler, ein renommierter Bildhauer. Seine Mutter Phainarete war Hebamme und stammte folglich aus eher einfachen Verhältnissen, da eine Frau der gehobenen Gesellschaft einen solchen Beruf niemals ausgeübt hätte. Sokrates selbst erfuhr in seiner Jugend wohl zunächst eine Ausbildung im Beruf seines Vaters, die er jedoch sehr bald aufgab. Im *Phaidon* läßt Platon ihn äußern, daß er sich anfangs für die Physik und die Naturwissenschaften interessierte und in den Büchern des Gelehrten Anaxagoras aus Klazomenä, einem Freund des Perikles, die Antworten auf seine Fragen zu finden hoffte. Enttäuscht von seiner Lektüre habe er schließlich beschlossen, seine eigenen Forschungen anzustellen und sich von da an der Philosophie gewidmet. Man darf sich zu Recht darüber wundern, wie es einem Mann von so bescheidener Herkunft gelang, zu leben ohne zu arbeiten, um so mehr als bekannt ist, daß er verheiratet war und Kinder aus seiner Ehe mit Xanthippe hervorgingen. Allerdings spielt er in den Reden, die ihm Xenophon und Platon zuschreiben, häufig auf seine Armut an, und man weiß im übrigen, daß er sich seinen Unterricht, ganz im Gegensatz zu den Sophisten, nicht bezahlen ließ. Bestenfalls nahm er gelegentlich die Einladung des einen oder anderen seiner Schüler an, im Kreise von Freunden zu speisen.

Aber man weiß auch, daß er als Hoplit im Peloponnesischen Krieg diente und dabei vor Potidaia, Amphipolis und Delion kämpfte. Dies läßt auf einige hoplitische Fertigkeiten und eine Zugehörigkeit zu den oberen drei Klassen des Zensus schließen. Sokrates war kein wenig Besitzender (Thete), und die Armut, die er für sich in Anspruch nahm, kann nur in Relation zum Reichtum der ihn umgebenden Jünglinge verstanden werden.

Was seine äußere Gestalt angeht, so muß er klein und sehr häßlich gewesen sein, aber selbst mit dieser Häßlichkeit kokettierte er noch, konnte er doch nicht verhindern, daß er von den schönsten Jünglingen Athens aufgesucht wurde. Einer von ihnen, Alkibiades, gibt uns in Platons *Symposion* folgendes Porträt von Sokrates: *„Ich behaupte nämlich, er sei äußerst ähnlich jenen Silenen in den Werkstätten der Bildhauer, welche die Künstler mit Pfeifen oder Flöten darstellen (...); und so behaupte ich, daß er vorzüglich dem Satyr Marsyas gleiche"* (Symposion, 215a-b). Aber dieser Silen, dieser Satyr, übt auf seine Zuhörer eine unwiderstehliche Anziehungskraft aus: *„Von uns wenigstens, wenn wir von einem andern auch noch so trefflichen Redner andere Reden hören, macht sich keiner, daß ich es geradeheraus sage, sonderlich etwas daraus. Hört aber einer dich selbst oder von einem andern deine Reden vorgetragen, wenn auch der Vortragende wenig bedeutet, sei es nun Weib oder Mann, wer sie hört, oder Knabe, alle sind wir wie außer uns und ganz davon hingerissen"* (ebd. 215d).

Im gleichen Dialog hebt Alkibiades auch die physische Stärke und Ausdauer des Sokrates hervor: *„Hernach machten wir den Feldzug nach Potidaia zusammen und waren dort Tischgenossen. Da nun übertraf er zuerst in Ertragung aller Beschwerden nicht nur mich, sondern alle insgesamt. Denn wenn wir etwa irgendwo abgeschnitten waren und, wie es im Felde wohl geht,*

hungern mußten: so war das nichts gegen ihn, wie es die
andern aushielten (...) Im Ertragen der Witterung aber,
die Winter sind aber dort (Potidaia liegt im Norden
Griechenlands) furchtbar, trieb er es bewundernswür-
dig weit, auch sonst immer, besonders aber einmal, als
der Frost so heftig war, wie man sich nur denken kann,
und die andern entweder gar nicht hinausgingen oder,
wer es etwa tat, wunder wieviel Anzug und Schuhe un-
terband und die Füße einhüllte in Filz und Pelz: da ging
dieser hinaus in ebensolcher Kleidung, wie er sie immer
zu tragen pflegt, und ging unbeschuht weit leichter über
das Eis hin als die anderen in Schuhen" (Symposion,
219e-220b). Nach der Schlacht bei Delion, die für die
athenische Armee einen katastrophalen Ausgang nahm,
stellte Sokrates inmitten des aufgeriebenen Heeres
ebenfalls seine Willensstärke und Entschlossenheit unter Beweis: *„Da konnte ich nun den Sokrates beobach-*
ten (...) und dann schien er mir nach deinem Ausdruck,
Aristophanes, auch dort einherzugehen ,stolzierend und
stier seitwärts hin werfend die Augen', ruhig umschau-
end nach Freunden und Feinden; und jeder mußte es se-
hen schon ganz von ferne, daß, wenn einer diesen Mann
berührte, er sich aufs kräftigste verteidigen würde.
Darum kamen sie auch unverletzt davon, er und der an-
dere" (ebd. 221b). Sokrates war damals bereits über fünf-
undvierzig Jahre alt.

So mutig und entschlossen, wie er sich in diesem Zusammenhang zeigte, war Sokrates indessen nicht allein
in physischer Hinsicht, und er stellte mindestens zweimal eine außerordentliche Zivilcourage unter Beweis.
Zum ersten Mal geschah dies im Verlauf der Volksversammlung, die der Schlacht bei den Arginusen folgte.
Über die Hintergründe dieses Vorfalls haben wir andernorts schon berichtet: Der athenischen Flotte war es mit
letzter Kraft gelungen, der spartanischen Blockade zu

entkommen. Ein Teil der athenischen Schiffe war jedoch versenkt worden, und ein in der Nacht aufgekommener Sturm hatte die Strategen daran gehindert, die Schiffbrüchigen zu retten. Als die Flotte nun nach Athen zurückkehrte, wurden die Strategen vor die Volksversammlung zitiert, um über ihr Versäumnis Rechenschaft abzulegen. Xenophon schildert uns in seiner *Hellenika* jene Sitzung der Versammlung, auf der man Anklage gegen die Strategen erhob, und gibt uns einen Eindruck von dem aufgeheizten Klima, das damals in der Stadt herrschte. Ein gewisser Kallixenos hatte einen Antrag gestellt, in dem er den Tod der Strategen forderte: *„Den Kallixenos aber wollten Euryptolemos, Sohn der Peisianax, und einige andere vor Gericht ziehen, indem sie geltend machten, er habe einen gesetzeswidrigen Antrag abgefaßt. Einige aus dem Volk billigten dies, die Menge jedoch schrie, es sei doch unerhört, wenn man das Volk hindern wolle, zu tun, was ihm beliebe. Und als daraufhin Lykiskos beantragte, auch diese müßten verurteilt werden mit demselben Stimmstein wie die Feldherrn, falls sie nicht ihre Klage fallen ließen, da erhob der Pöbel von neuem ein wütendes Beifallsgeschrei, und so wurden die Betreffenden gezwungen, ihre Klage zurückzuziehen. Von den Prytanen aber weigerten sich einige, die Abstimmung gegen das Gesetz vorzunehmen, bis Kallixenos zum zweiten Male auf das Rednerpult stieg und gegen sie dieselbe Anklage erhob. Da schrie das Volk wieder, man müsse diejenigen, die sich weigerten, vor Gericht ziehen. Die Prytanen ließen sich einschüchtern und willigten nun alle ein, die Abstimmung vorzunehmen, bis auf Sokrates, den Sohn des Sophroniskos; dieser erklärte, er werde nichts tun, was nicht mit dem Gesetz in Einklang stehe"* (Xenophon, *Hellenika*, I, 7, 12–15). In der *Apologie* läßt Platon Sokrates über diesen Zwischenfall folgendes sagen: *„Da* war ich unter allen Prytanen der einzige, der sich euch widersetzte, damit ihr nichts gegen die Gesetze tun möchtet, und euch entgegenstimmte. *Und obgleich die Redner bereit waren, mich anzugeben und gefangenzusetzen, und ihr es fordertet und schriet: so glaubte ich doch, ich müßte lieber mit dem Recht und dem Gesetz die Gefahr bestehen, als mich zu euch gesellen in einem so ungerechten Vorhaben aus Furcht des Gefängnisses oder des Todes"* (Apologie 32b-c).

Wenn Sokrates also nicht zögerte, sich dem *demos* zu widersetzen, sofern dieser sich anschickte, die Gesetze zu brechen, so war er ebensowenig bereit, gegenüber seinen Gegnern zurückzustecken. Erneut galt es für ihn, Zivilcourage unter Beweis zu stellen, diesmal in Opposition zu den Dreißig. Hören wir, wie er den Vorfall schildert: *„Nachdem aber die Regierung an einige wenige gekommen, so ließen einst die Dreißig mich mit noch vier anderen auf die Tholos [ein Rundbau, den sie als Dienstgebäude nutzten] holen und trugen uns auf, den Salaminier Leon aus Salamis herzubringen, um ihn hinzurichten, wie sie denn dergleichen vieles vielen andern auch auftrugen, um so viele als irgend möglich in Verschuldungen zu verstricken. Auch da nun zeigte ich wiederum nicht durch Worte, sondern durch die Tat, daß der Tod, wenn euch das nicht zu bäurisch klingt, mich auch nicht das mindeste kümmerte, nichts Ruchloses aber und nichts Ungerechtes zu begehen mich mehr als alles kümmert. Denn mich konnte jene Regierung, so gewaltig sie auch war, nicht so einschüchtern, daß ich etwas Unrechtes tat. Sondern als wir von der Tholos herunterkamen, gingen die viere nach Salamis und brachten den Leon; ich aber ging meines Weges nach Hause. Und vielleicht hätte ich deshalb sterben gemußt, wenn nicht jene Regierung kurz darauf wäre aufgelöst worden"* (Apologie, 32c–d).

So blieb Sokrates, unabhängig von der jeweiligen Regierung, stets sich selbst und seinen Überzeugungen treu, und er zögerte nicht, all jene herauszufordern, deren Befehle ihm ungerecht und nicht im Sinne des Gesetzes zu sein schienen. Eine derartige Haltung hätte schwerwiegende Konsequenzen nach sich ziehen können. Dennoch ließ sich Sokrates weder im Jahre 407, im Kontext der Affäre um die Arginusen, noch 404, zum Zeitpunkt der Tyrannis der Dreißig, aus der Ruhe bringen. Um verstehen zu können, wie die wieder eingerichtete Demokratie dazu kam, ihn zu verurteilen, reicht es folglich nicht aus, der Persönlichkeit des in der Öffentlichkeit stehenden Mannes und des die Gesetze respektierenden Bürgers nachzuspüren, sondern es gilt, die Gefahr zu erkennen, die seine Lehre in den Augen mancher für das Wohl der Stadt darstellen konnte.

Die Lehre des Sokrates

In den *Wolken* von Aristophanes wird uns Sokrates im lebhaften Kreis seiner Schüler vorgeführt, in einem kleinen Haus, das Strepsiades schließlich, am Ende des Stückes, durch Brandstiftung zerstören wird. In den Dialogen Platons und Xenophons scheint es allerdings eher so, als hätte Sokrates die Unterredungen mit seinen Schülern und all jenen, die ihm zuhören wollten, nicht in seinem Haus geführt, sondern vielmehr im Freien, insbesondere in den beiden Gymnasien der Akademie und des Lyzeums oder an den Ufern des Flusses Ilissos, wenn er sich nicht sogar einfach auf die *agora* oder die Straßen von Athen begab. Hören wir, was Xenophon darüber schreibt: *„So tat gerade er stets alles in voller Öffentlichkeit. Am frühen Morgen ging er nämlich nach* den *Säulenhallen* und *Turnschulen, und wenn der Markt sich füllte, war er dort zu sehen, und auch den Rest des Tages war er immer dort, wo er mit den meisten Menschen zusammensein konnte. Und er sprach meistens, und wer nur wollte, dem stand es frei, ihm zuzuhören"* (Memorabilien, I,1,10).

Auf einem solchen Spaziergang entlang des Flußufers trifft er den jungen Phaidros, und im Schatten einer Platane auf dem Rasen sitzend beginnen sie, über die Liebe zu reden. Manchmal finden die Diskussionen jedoch auch in einem Haus statt, etwa dem Haus des reichen Kallias, in dem sich die Sophisten Protagoras, Hippias und Prodikos, mit denen Sokrates sich zu unterhalten wünscht, am selben Tag ein Stelldichein geben, oder etwa im Haus des Syrakusers Kephalos, in Piräus, wo Sokrates und einige seiner Freunde sich aufhielten, um der Prozession von Anhängern der thrakischen Göttin Bendis beizuwohnen. Bisweilen nahm Sokrates auch, trotz seiner allgemein bekannten Mäßigung, die Einladung zu einem jener Festmahle an, bei denen es Schauspiele, Gelage und gelehrte Diskussionen zu erleben gab. So erzählt ein gewisser Aristodemos aus Kydatheneion, wie er sich in das Haus des Dichters Agathon, der soeben den Sieg im Wettbewerb der Tragödien davongetragen hatte, in Gesellschaft von Sokrates begab: *„Er sagte nämlich, Sokrates sei ihm begegnet, gebadet und die Sohlen untergebunden, was er selten tat. Daher habe er ihn gefragt, wohin er denn ginge, daß er sich so schön gemacht hätte. – Und jener habe geantwortet: Zum Gastmahl beim Agathon. Denn gestern am Siegesfest bin ich ihm ausgewichen aus Furcht vor dem Gewühl; ich sagte ihm aber zu, auf heute zu kommen. Und nun habe ich mich so herausgeschmückt, um doch schön zu einem Schönen zu kommen. Aber du, setzte er hinzu, Aristodemos, was hältst du davon, ungeladen mitzugehen zum*

*Gastmahl? – Darauf, sprach er, antwortete ich: Das, was
du wünschst"* (Platon, *Symposion*, 174a-b). Im *Symposion* des Xenophon ist es bei Kallias, der ein Fest zu Ehren des jungen Autolykos gibt, der den Preis im Pankration („Allkampf") auf den Panathenäen gewonnen hatte, wo sich Sokrates von seinen Anhängern umgeben findet. Ein Dialog Platons, der *Charmides*, faßt mit einigen kurzen Bemerkungen die Art und Weise zusammen, in der sich zwischen Sokrates und seinen Zuhörern eine Diskussion entfaltet, bei der es ihm stets gelingt, das letzte Wort zu behalten: *„Ich war am Abend zuvor von dem Heere vor Potidaia zurückgekommen und ging nun nach so langer Abwesenheit mit großem Wohlbehagen wieder an die gewohnten Plätze. So kam ich denn auch in die Palaistra des Taureas, gegenüber dem Tempel der Basile, und traf dort sehr viele, einige zwar auch Unbekannte, die meisten aber Bekannte. Und als sie mich so unerwartet hereintreten sahen, begrüßten sie mich schon von fern, einer hier, der andere dort. Chairephon aber, wie er denn immer heftig ist, aufspringend von seiner Gesellschaft, lief auf mich zu, nahm mich bei der Hand und sagte: O Sokrates, wie bist du davongekommen im Gefecht? Kurz ehe wir von dort abreisten, war nämlich ein Gefecht vorgefallen, wovon man hier nur eben erst gehört hatte. – Ich antwortete ihm: so, wie du siehst. – Wenigstens, sagte er, ist hierher berichtet worden, das Gefecht wäre sehr hitzig gewesen und viele bekannte Männer darin geblieben. – Und sehr richtig, sprach ich, ist dies berichtet. – Du warst doch, fragte er, bei dem Gefecht? – Ich war dabei. – Hierher also sprach er, setze dich und erzähle uns; denn wir haben noch gar nicht alles genau erfahren. – Und somit führte er mich zum Sitzen neben den Kritias, den Sohn des Kallaischros. Indem ich mich nun setzte, begrüßte ich den Kritias und die andern und erzählte ihnen von dem Heere,*

wonach sich jeder erkundigte; der eine fragte dies, der andere jenes. Als wir aber hiervon genug hatten, fragte ich sie wieder meinerseits, wie es jetzt hier stände mit der Weisheitsliebe und den Jünglingen, ob welche von ausgezeichnetem Verstande oder Schönheit oder beidem sich seitdem hervorgetan hätten" (Charmides, 153a–d).

Diese jungen Leute, mit denen sich Sokrates so gern umgibt und wegen deren vermeintlicher Verderbnis man ihn später anklagen wird, wer waren sie? Der größte Teil der in den Dialogen auftauchenden Namen bezeichnet, sofern man sie überhaupt eindeutig identifizieren kann, junge Athener aus Familien, die durch ihren Reichtum oder die Verdienste ihrer Vorfahren hohes Ansehen genossen. So gehört der junge Charmides, der unmittelbar im Anschluß an die Frage des Sokrates nach den ebenso schönen wie gelehrten Jünglingen die Palästra betritt, einer besonders renommierten Familie an: *„Denn euer väterliches Haus von Kritias, dem Sohne des Dropides, her ist uns durch die Gesänge des Anakreon sowohl als durch Solons und anderer Dichter Überlieferung angepriesen als ausgezeichnet durch Schönheit und Tugend und was man sonst zur Glückseligkeit zu rechnen pflegt; und das mütterliche ebenso. Denn für schöner und stattlicher als dein Oheim Pyrilampes soll keiner auf dem festen Lande gehalten worden sein, sooft jener an den Großkönig oder sonstwohin auf das feste Land als Gesandter geschickt worden ist. Und dieses ganze Haus gibt in keinem Stücke jenem anderen etwas nach"* (Charmides, 157e–158a). Charmides hatte eine Schwester, Periktione, die einen gewissen Ariston heiratete, dem man eine Abstammung vom legendären König Kodros nachsagte und von dem sie drei Söhne bekam, die ebenfalls Schüler von Sokrates wurden: Glaukon, Adimantes und – Platon, dem wir diese

Kenntnisse über die Familie zu verdanken haben. Unter den jungen Leuten aus gehobener Familie, die dem Unterricht des Sokrates folgten, war auch Alkibiades, der Sohn des reichen Klinias. Sokrates wendet sich an ihn und versucht, ihm die Nichtigkeit seiner politischen Ambitionen mit folgender Argumentation aufzuzeigen: *„Du dünkst dich, wie deine Reden zeigen, über alle anderen Menschen erhaben und unabhängig von ihrer Hilfe. Denn du rühmst dich so großer Vorzüge – leiblicher nicht nur, sondern auch geistiger –, daß du keines anderen Menschen bedarfst. Hältst du dich doch für allen überlegen an Schönheit und Stattlichkeit – und daß du dazu das Recht hast, lehrt der Augenschein. Ferner rühmst du dich der Abkunft aus einem der stolzesten Häuser deiner Vaterstadt, dieser mächtigsten Stadt Griechenlands und der großen Menge hochangesehener Freunde und Verwandten, die dir nötigenfalls ihren Beistand leihen können, sowohl väterlicherseits wie nicht minder – nach Bedeutung und Zahl – auch mütterlicherseits. Alle die Genannten aber überragt, was deine Ansprüche an Macht anlangt, Perikles, des Xanthippos Sohn, den dein Vater dir und deinem Bruder zum Vormund gesetzt hat. Ihm ist es möglich, nicht nur in unserem Staate alles durchzusetzen, was er nur will, sondern auch in ganz Griechenland und ebenso bei zahlreichen mächtigen auswärtigen Völkerschaften. Auch deinen Reichtum will ich nicht unerwähnt lassen, obschon dies, wie es scheint, das Geringste ist, worauf du dir etwas zugute tust“* (*Alkibiades der Erste*, 104a–c).

Es wäre jedoch falsch, sich Sokrates allein im Kreise der mondänen Jugend Athens vorzustellen. Er hatte auch treue Freunde wie Kriton, der ihm in seinen letzten Momenten beistand, der mit ihm aufgewachsen war und ihm, da er selbst in der Kunst des Philosophierens wenig bewandert war, seinen Sohn Kritobulos anvertraut hatte.

Chairephon, einer seiner begeistertsten Anhänger und ebenfalls ein Freund seit seiner Kindheit, wurde später unter dem Regime der Dreißig als *„Volksfreund"* ins Exil geschickt und wagte es, als er eines Tages nach Delphi kam, das Orakel zu befragen, ob es wohl einen klügeren Mann als Sokrates gebe. Ebenso blieb Hermogenes, der Bruder des Kallias, der seinerseits keineswegs wohlhabend war, seinem Freund bis zum letzten Moment treu. Unter diesen treuen Anhängern befanden sich auch einige Jünglinge, denen die Philosophie als wichtigste Beschäftigung galt und die, nach dem Tod des Sokrates, ihre eigene Schule begründen sollten, wie etwa Aeschines, der Sokratiker, Antisthenes und natürlich Platon. Schließlich zog die Persönlichkeit des Sokrates auch Fremde nach Athen, die begierig waren, ein Gespräch mit ihm zu führen: Simmias und Kebes aus Theben, die man in mehreren Dialogen wiederfindet, Euklid und Terpsion aus Megara, Aristippes, Kleombrotos und Phaidondes, die auch anwesend sein werden, als Sokrates den Schierlingsbecher leert.

Wenn dies nur die Namen sind, die man am häufigsten antrifft, so gibt es jedoch noch viele andere, die zu diesem oder jenem Zeitpunkt das Gespräch mit Sokrates gesucht haben. Nicht nur die berühmten Sophisten, die Platon im *Protagoras*, im *Gorgias* und den beiden *Hippias* in Szene setzt, sondern auch uns unbekannt Gebliebene sowie vor allem all jene einfachen Leute, mit denen Sokrates sich so gern über ihre „Kunst" unterhielt, Schuhmacher, Zimmermänner und Goldschmiede, was ihm Kritias prompt vorwarf, als er im Jahre 404 die Macht in Athen übernahm.

Was konnte Sokrates ein so ungleiches Publikum lehren? Offensichtlich nicht das, was die Sophisten für Geld zu vermitteln suchten, die Kunst der Rede, der verbalen Verteidigung in einem Prozeß oder auch der besten

Methode, Reichtümer anzuhäufen. Aber auch nicht das, was manche, wie Aristophanes, nahelegten, daß *„es einen Sokrates gäbe, einen weisen Mann, der den Dingen am Himmel nachgrüble und auch das Unterirdische alles erforscht habe und Unrecht zu Recht mache"* (Platon *Apologie*, 18b). Xenophon wehrt sich in den *Memorabilien* gegen diese Gleichsetzung des Sokrates mit den „Physikern" : *„Er unterhielt sich auch nicht über die Natur des Weltalls, im Gegensatz zu den meisten anderen, indem er etwa danach forschte, wie der von den Sophisten sogenannte Kosmos seiner Natur nach beschaffen sei und welchen notwendigen Gesetzen alle Himmelsvorgänge unterworfen seien, sondern er erklärte die, welche sich über solche Dinge Gedanken machten, für töricht (...), denn auch die, welche sich am meisten einbildeten auf ihre Ansicht über diese Dinge, meinten untereinander nicht dasselbe darüber (...) So scheine denn auch den einen, die über die Natur des Weltalls nachgrübelten, das Seiende nur Eines zu sein, den anderen aber der Zahl nach unbegrenzt Vieles; den einen scheine alles in unablässiger Bewegung zu sein, den anderen dagegen nichts jemals bewegt zu werden; die einen meinten, alles entstehe und vergehe, die anderen dagegen, daß nichts jemals entstanden oder vergangen sei. (...) So sprach er sich also über jene aus, die sich mit solchen Dingen beschäftigten. Er selbst aber unterhielt sich immer über die menschlichen Dinge und untersuchte, was (seinem Wesen nach) fromm und was gottlos, was schön und was häßlich, was gerecht und was ungerecht ist, was Besonnenheit und was Torheit ist, was Tapferkeit und was Feigheit ist, was ein Staat und ein Staatsmann ist, was eine Herrschaft über Menschen und ein Herrscher über Menschen ist, sowie über das andere, durch dessen Wissen die Menschen nach seiner Meinung tüchtig und gut seien, während sie bei*

Unwissenheit darüber mit Recht als Sklavenseelen bezeichnet würden" (Memorabilien, I,1, 11–16).

Sokrates war folglich weder ein Sophist noch ein „Physiker". Er sah sich nur als Gelehrten: „Ich habe nämlich, ihr Athener", läßt ihn Platon sagen, „durch nichts anderes als durch eine gewisse Weisheit diesen Namen erlangt" (Apologie, 20d). Diese Weisheit ist es, von dem das Orakel von Delphi in seiner Antwort auf Chairephons Frage gesprochen hatte. Was aber die Beschaffenheit dieser Weisheit angeht, so gehen unsere beiden Quellen in ihren Angaben deutlich auseinander. Für Xenophon war diese Weisheit im wesentlichen pragmatisch und nützlich: „Die Geometrie beispielsweise, so meinte er, müsse man soweit erlernen, bis man imstande sei, falls es mal not tue, ein Stück Land richtig vermessen zu übernehmen oder zu übergeben oder zu verteilen oder das Geschehene zu bezeugen. Dies aber sei so leicht zu erlernen, daß der, welcher bei einer Vermessung mit Aufmerksamkeit achtgebe, zugleich wisse, wie groß das Grundstück sei, und im übrigen, wenn er weggehe, auch über das Vermessungsverfahren Bescheid wisse. Die Geometrie bis zum Verständnis der schwierigen Figuren zu betreiben, das mißbilligte er dagegen; denn er könne nicht einsehen, so sagte er, wozu dies von Nutzen sein solle" (Memorabilien, IV,7,2–3). Gleiches galt für die Astronomie und die Betrachtung der Himmelsphänomene, die nur durch ihren Nutzen für den Reisenden, den Soldat und den Jäger von Interesse waren. Dieser Sokrates war es auch, der seinem Freund Aristarchos, der angesichts seiner Verpflichtung, für den Lebensunterhalt zahlreicher Frauen aus seiner Verwandtschaft aufzukommen, zunehmend in finanzielle Bedrängnis geriet, den Ratschlag gab, die Frauen zur Verarbeitung von Wolle anzuhalten und ihren Lebensunterhalt aus dem Erlös der so gewonnenen Produkte zu bestreiten. Dem alten Eutheros riet er hingegen, sich zur Absicherung seines Lebensabends eine Stelle als Verwalter bei einem reichen Grundbesitzer zu suchen. Und es gibt keinen Anlaß, an der Realität jener Personen zu zweifeln, die Xenophon in den *Erinnerungen* oder dem *Oikonomikos* auftreten läßt. Ein solcher Sokrates wäre hingegen kaum in der Lage gewesen, die Stadt und die Stadtväter zu beunruhigen. Erst als er zur Erkenntnis gelangt war, daß diejenigen, die in gewisser Hinsicht weise zu sein vorgaben, es keineswegs auch waren und daß seine eigene Weisheit genau darin bestand, zu wissen, daß er nichts wußte, und als er begann, diese Erkenntnis seinen Mitbürgern darzulegen, stellte er allmählich eine echte Gefahr dar. Dieser fragende Sokrates findet sich eher bei Platon als bei Xenophon. *„Aus dieser Nachforschung also, ihr Athener"*, sagt Sokrates in der *Apologie* Platons, *„sind mir viele Feindschaften entstanden, und zwar die beschwerlichsten und lästigsten, so daß viel Verleumdung daraus entstand, und auch der Name, daß es hieß, ich wäre ein Weiser. Es glauben nämlich jedesmal die Anwesenden, ich verstände mich selbst auf das, worin ich einen andern zuschanden mache. Es scheint aber, ihr Athener, in der Tat der Gott weise zu sein und mit diesem Orakel [das an Chairephon erging] dies zu sagen, daß die menschliche Weisheit sehr weniges nur wert ist oder gar nichts, und offenbar nicht dies vom Sokrates zu sagen, sondern nur mich zum Beispiel erwählend, sich meines Namens zu bedienen, wie wenn er sagte: Unter Euch, ihr Menschen, ist der der Weiseste, der wie Sokrates einsieht, daß er in der Tat nichts wert ist, was die Weisheit anbelangt. Dieses nun gehe ich auch jetzt noch umher nach des Gottes Anweisung zu untersuchen und zu erforschen, wann immer ich nur einen Bürger oder Fremden für weise halte; und wenn er es mir* *nicht zu sein scheint, so helfe ich dem Gotte und zeige ihm, daß er nicht weise ist"* (*Apologie*, 23a–b).

Zu diesem Zwecke bediente sich Sokrates einer bestimmten Methode, der Maieutik, die er der Hebammenkunst seiner Mutter entlehnt hatte. Ausgehend von der scheinbar einfachen Antwort, die ihm sein Gesprächspartner auf die eine oder andere der ihn beschäftigenden, fundamentalen Fragen gegeben hatte, zerlegte er diese Antwort in immer kleinere Elemente, bis derjenige, der seines Wissens anfangs noch so sicher gewesen war, ihre Schwächen erkennen mußte. Dieses Verfahren legt er beispielsweise im *Gorgias* gegenüber dem aufbrausenden Kallikles an den Tag. Dieser hatte das Wort ergriffen, nachdem er hatte feststellen müssen, daß zunächst der so von sich überzeugte Gorgias, dann auch der junge Polos sich zwangsläufig in Widersprüche verstrickten und Sokrates am Ende beipflichten mußten. Ihm würde man nichts weismachen können, und er behauptete weiterhin, es sei besser, ein Unrecht zu begehen als ertragen zu müssen. Und dennoch kann auch er nicht umhin, am Ende eines subtil geführten Dialoges auszurufen: *„Ich weiß nicht, Sokrates, wie du immer alle Beweisführungen durcheinanderbringen kannst."* Auch er sieht sich gezwungen, mit Formeln wie *„sicherlich"*, *„gewiß"* oder *„dem Anschein nach"* letztlich zuzugeben, daß die Einwände des Sokrates unwiderlegbar sind. Auf diese Art von Hebammenkunst bezieht sich die Bemerkung, die Platon Sokrates im *Phaidon* zuschreibt: *„Wenn die Menschen gefragt werden und einer sie nur recht zu fragen versteht, werden sie alles selbst sagen"* (*Phaidon*, 73a).

Gleichzeitig brachte Sokrates seine Gesprächspartner durch sein stetiges Fragen auch dazu, sich selbst besser kennenzulernen. Diese Feststellung trifft Nikias, der berühmte Stratege, in dem mit *Laches* betitelten Dialog: *„Du scheinst gar nicht zu wissen, daß, wer der Rede*

*des Sokrates nahe genug kommt und sich mit ihm ein-
läßt ins Gespräch, unvermeidlich, wenn er auch von etwas ganz anderm zuerst angefangen hat zu reden, von
diesem so lange ohne Ruhe herumgeführt wird, bis er
ihn da hat, daß er Rede stehen muß über sich selbst,
auf welche Weise er jetzt lebt und auf welche er das
vorige Leben gelebt hat; wenn ihn aber Sokrates da
hat, daß er ihn dann gewiß nicht eher herausläßt, bis
er dies alles gut und gründlich untersucht hat. Ich nun
bin schon mit ihm bekannt und weiß, daß man dieses
notwendig von ihm leiden muß; ja auch, daß es mir
selbst begegnen wird, weiß ich sehr wohl. Denn gern, o
Lysimachos, lasse ich mich ein mit dem Manne und
halte es nicht für etwas Übles, daran erinnert zu werden, wo wir etwa nicht schön gehandelt haben oder
noch handeln; sondern für notwendig, daß derjenige
vorsichtiger werden muß für sein nachheriges Leben,
der dieses nicht scheut, sondern es wünscht nach des
Solon Wort und gern lernen will, so lange er lebt, nicht
aber meint, daß das Alter ihm schon selbst den Verstand mitbringen werde"* (Laches, 187e-188b).

Sokrates war nicht nur ein guter Fragensteller, er erwies sich auch als Geburtshelfer der Seele. In seinem
Philosophieren ging es in erster Linie um moralische Fragen. Und wenn der Ausgangspunkt seiner Reflexionen,
nämlich die Einsicht, als einziger zu wissen, daß *„die
Weisheit nichts ist"*, mit der negativen Kritik der Sophisten in Verbindung gebracht werden konnte, so enthielt
seine Moral demgegenüber doch einen sehr positiv bestimmten Inhalt: sich in jedem Fall davor zu bewahren,
Unrecht zu begehen, und darauf zu achten, die Seele auf
die Tugend vorzubereiten, indem man allem Wün-
schenswerten entsagt, das in Wahrheit nur eine Illusion
darstellt. *„Denn nichts anderes tue ich"*, äußert er in der
Apologie, „als daß ich umhergehe, um jung und alt un-

ter euch zu überreden, ja nicht für den Leib und für das Vermögen zuvor noch überhaupt so sehr zu sorgen wie für die Seele, daß diese aufs beste gedeihe, indem ich zeige, daß nicht aus dem Reichtum die Tugend entsteht, sondern aus der Tugend der Reichtum und alle andern menschlichen Güter insgesamt, eigentümliche und gemeinschaftliche" (Apologie, 30a). Sokrates begnügte sich jedoch nicht damit, diese Moral nur zu predigen, er wollte seine Mitbürger auch dazu bewegen, sie anzunehmen und zu leben: *„Ich bin der Sporn (...) der ich euch einzeln anzuregen, zu überreden und zu verweisen den ganzen Tag nicht aufhöre, der euch nicht losläßt"* (ebd. 31a). Man erahnt bereits, wie er auf diese Weise als Störenfried erscheinen konnte. Und ein Störenfried war er um so mehr, als er sich jeder aktiven Teilnahme am Leben der Stadt enthielt, obwohl er gleichzeitig jeden über seine Probleme ausfragte: *„Vielleicht könnte auch dies jemanden ungereimt dünken, daß ich, um einzelnen zu raten, umhergehe und mich in vielerlei Dinge einmische, öffentlich aber mich nicht erdreiste, in eurer Versammlung auftretend dem Staate zu raten. (...) Denn wißt nur, ihr Athener, wenn ich schon vor langer Zeit unternommen hätte, Staatsgeschäfte zu betreiben: so wäre ich auch schon längst umgekommen und hätte weder euch etwas genutzt noch auch mir selbst. Werdet mir nur nicht böse, wenn ich die Wahrheit rede. Denn kein Mensch kann sich erhalten, der sich, sei es nun euch oder einer andern Volksmenge, tapfer widersetzt und viel Ungerechtes und Gesetzwidriges im Staate zu verhindern sucht"* (Apologie, 31c–e).

Diese Worte, die Platon seinem Meister in den Mund legt, bringen uns auf eine Frage, die zum Verständnis des Prozesses und der Verurteilung des Sokrates hilfreich sein könnte: Was hielt der Philosoph von der athenischen Demokratie?

Zunächst gilt es, sich einen Weg zu bahnen durch das, was vorausgegangen ist. Wir müssen uns darüber im klaren sein, daß wir das Denken des Sokrates nur insoweit kennen, wie es uns durch die Schriften von Platon und Xenophon überliefert wurde, die beide Gegner der athenischen Demokratie waren. Wir haben aber kein einziges wirkliches Mittel, um herauszufinden, was sich in dieser Feindseligkeit auf Sokrates selbst zurückführen läßt. Was sich höchstens erkennen läßt, ist die Tatsache, daß gewisse kritische Äußerungen, die gegen die politische Staatsform von Athen gerichtet sind, in die Logik der von Sokrates verteidigten Prinzipien eingegangen sind. Und dies muß daher genauer untersucht werden.

Es gilt zunächst vor allem, einen Text herauszustellen, der eine der bemerkenswertesten Seiten über die politische Philosophie enthält, die jemals geschrieben wurden: die berühmte personifizierte Rede der Gesetze im *Kriton*. Es handelt sich dabei mit Sicherheit um einen Text, der von Platon konzipiert und geschrieben wurde. Aber es besteht kein Zweifel darüber, daß er hier den Gedanken seines Lehrmeisters treu geblieben ist. Der Kontext ist bekannt: Sokrates sieht seinen alten Freund Kriton in das Gefängnis kommen, völlig aufgewühlt durch die Tatsache, daß sich mit der Rückkehr der heiligen Galeere zugleich der unmittelbar bevorstehende Tod des Philosophen ankündigt. Kriton fleht ihn daher auch an, er möge sich doch die Ratschläge seiner Freunde zu Herzen nehmen und seinem unvermeidlichen Ende entfliehen. Sokrates weigert sich, und um seinen Freund zu überzeugen, stellt er sich vor, wie sich die Gesetze der Stadt vor ihm aufrichten, um ihn daran zu erinnern, daß er gegen sie vorgegangen ist. Würde er nun fliehen und damit das durch die Stadt ergangene Urteil nicht respektieren, so würde sich Sokrates diesen tatsächlich widersetzen und sie dadurch zerstören. Nun müssen aber die Stadt wie die Gesetze, durch die sie regiert wird, in gleicher Weise geachtet werden, wie jene Menschen, denen man sein eigenes Leben verdankt: *„Oder bist du so weise, daß du nicht weißt, wieviel höher als Vater und Mutter und alle anderen Vorfahren das Vaterland geachtet ist und wieviel ehrwürdiger und heiliger bei den Göttern und bei allen Menschen, welche Vernunft haben? Und wie man ein aufgebrachtes Vaterland noch mehr ehren und ihm nachgeben und es besänftigen muß als einen Vater und es entweder überzeugen oder tun, was es befiehlt, und was es zu leiden auflegt ganz ruhig leiden, wenn es auch wäre, dich schlagen zu lassen oder dich fesseln zu lassen oder wenn es dich in den Krieg schickt, wo du verwundet und getötet werden kannst, du dies doch alles tun mußt und es so allein recht ist? Und daß du nicht weichen und nicht weggehen und nicht deine Stelle verlassen mußt, sondern im Kriege und vor Gericht und überall tun, was der Staat gebietet und das Vaterland"* (Kriton, 51a-b). Athen ist das Land der Freiheit. Es zwingt niemanden, seine politische Staatsform und die sie tragenden Gesetze zu akzeptieren: *„Wer von euch aber geblieben ist, nachdem er gesehen hat, wie wir die Rechtssachen schlichten und sonst die Stadt verwalten, von dem behaupten wir dann, daß er uns durch die Tat angelobt habe, was wir nur immer befehlen möchten, wolle er tun. Und wer nicht gehorcht, sagen wir, der tue dreifach Unrecht, weil er uns als seinen Erzeugern nicht gehorcht und nicht als seinen Erziehern und weil er, unerachtet er uns angelobt, er wolle gewiß gehorchen, doch weder gehorcht noch uns überzeugt, wo wir etwas nicht recht tun; und da wir ihm doch vortragen und nicht auf rauhe Art gebieten, was wir anordnen, sondern freistellen eins*

von beiden, entweder uns zu überzeugen oder zu folgen,
er doch hiervon keines tut" (Kriton, 51e–52a). Nun, Sokrates hat gewählt, zu bleiben und in Athen zu leben.
Hier hat er seine Kinder gehabt. Er hat es nicht vorgezogen, in irgendeinen jener Staaten zu gehen, die Gefallen
daran finden, sich ihrer Gesetze zu rühmen, Sparta oder
Kreta. Er ist also mit den Gesetzen der Stadt eine Art
Vertrag eingegangen. Wäre er geflohen, so hätte er dessen Bedingungen verletzt und also ein Unrecht begangen: *„Denn es zeigt sich ja weder hier für dich besser*
oder gerechter oder frömmer, dies wirklich auszufüh-
ren, oder für irgendeinen der Deinigen (...) Entfliehst
du aber so schmählich, Unrecht und Böses mit glei-
chem vergeltend, deine eigenen Versprechungen und
Verträge mit uns verletzend und allen denen Übles zu-
fügend, denen du es am wenigsten solltest, dir selbst
nämlich, deinen Freunden, dem Vaterlande und uns:
so werden nicht nur wir auf dich zürnen, solange du
lebst, sondern auch unsere Brüder, die Gesetze der Un-
terwelt, werden dich nicht freundlich aufnehmen, wenn
sie wissen, daß du auch uns zugrunde zu richten ver-
sucht hast, so viel an dir war" (Kriton, 54b-c).
Sokrates stellte folglich nicht die politische Ordnung
der Stadt in Frage, in der er geboren war, in der er eine
Familie gegründet hatte und deren Gesetze er akzep-
tierte. Doch auch wenn er kein Gegner der Demokratie
als solcher war, ja sogar nach den Aussagen des Xenophon für ein *„Freund des Volkes"* (Memorabilien, I, 2,
60) gehalten werden konnte, so brachte er im Gegenzug
dennoch ernsthafte Einwände gegen die tatsächliche
Funktionsweise der demokratischen Institutionen vor.
In demselben Dialog aus dem Kriton, in dem er seine
Treue gegenüber den Gesetzen bekräftigt, stellt er die
Fähigkeit der Masse, der Volksmenge, letztlich also des
versammelten *demos* in Frage, über das Gute, das

Schöne und das Gerechte zu urteilen. In den *Memorabilien* berichtet Xenophon von einer Diskussion, die Sokrates mit Charmides gehabt haben soll, in der er ihn dazu bewegen wollte, seine Schüchternheit zu überwinden und nicht zu zögern, vor der Volksversammlung aufzutreten: *„Und ich möchte dir gerade zeigen, daß du dich schämst, vor denen zu reden, die besonders unverständig und ohne Einfluß sind, während du weder vor den besonders Verständigen Scheu hast, noch die überaus Mächtigen fürchtest. Scheust du dich denn vor den Walkern unter ihnen, vor den Schustern, vor den Zimmerleuten, vor den Schmieden, vor den Bauern, vor den Kaufleuten oder vor denen, die auf dem Markt ihren Handel treiben und nur darauf bedacht sind, daß sie billig einkaufen und teuer verkaufen? Denn aus all diesen besteht doch die Volksversammlung"* (*Memorabilien*, III, 7,5–6). An anderer Stelle, in den *Memorabilien* wie im *Oikonomikos*, legt Xenophon Sokrates die herkömmlichen geringschätzigen Worte gegenüber den Handwerkern in den Mund. Aber wir haben andererseits auch gesehen, daß sich Sokrates gern mit ihnen über ihre Arbeit unterhielt. Er war ganz einfach der Meinung, daß Fertigkeiten in einem Handwerk oder in einer Technik noch keineswegs politische Kompetenz implizierte. Diese billigte er aber auch nicht in größerem Maße, im Gegensatz zu den Gegnern der Demokratie, den Reichsten und den aus gutem Hause Kommenden zu, vor allem jenen jungen Leuten aus den vornehmsten Familien Athens, die ihn gerne umgaben. Um sich davon zu überzeugen, genügt es, den *Ersten Alkibiades* noch einmal zu lesen. Sokrates demonstriert hier seinem glänzenden Schüler, daß ihm all das, was er gelernt hat, immer dann nicht weiterhelfen wird, wenn die Athener sich über öffentliche Bauwerke, über die Seestreitkräfte oder über einen Gegenstand aus dem Bereich der Wahrsagekunst beratschlagen werden, alles Fragen, von denen er nichts versteht, und daß, sofern er nicht fähig ist, zwischen dem Gerechten und dem Ungerechten zu unterscheiden, er auch nicht das Recht habe, danach zu streben, anderen einen Rat zu erteilen. Und Sokrates schließt damit, Alkibiades dafür zu tadeln, er glaube zu wissen, was er nicht weiß: *„Darum wirfst du dich auch so jählings auf die Staatsgeschäfte noch ohne jede Vorbildung dafür. Du bist aber nicht der Einzige, mit dem es so geht; mit fast allen hiesigen Staatsmännern steht es ebenso und es gibt nur wenige Ausnahmen, unter ihnen vielleicht dein Vormund Perikles"* (*Alkibiades I*, 118b). Aber genau derselbe Perikles wird auch angeklagt dafür, es nicht geschafft zu haben, seine Söhne zu tugendhaften und intelligenten Menschen zu erziehen. Er wird übrigens im *Gorgias* nicht mehr geschont als die anderen großen Männer aus der Geschichte Athens. Indem er dem Fall des Perikles einen besonderen Platz einräumte, reihte sich der Sokrates des *Ersten Alkibiades* einer ganzen Denkströmung ein, wie sie vor allem bei Thukydides zum Ausdruck kam. Manche haben nach dem Tod des großen Strategen den Beginn des Niedergangs der Stadt zu datieren versucht, nämlich mit dem Erscheinen dieser ‚neuen Männer' auf der politischen Bühne. Diese waren aus dem Milieu der Handwerker hervorgegangen und umschmeichelten nun das Volk und verführten es zu gefährlichen Abenteuern. Kleon war, wie wir bereits gesehen haben, der typische Vertreter dieser Demagogen, dieser skrupellosen Politiker, welche die Umstände des Peloponnesischen Krieges auf den Plan gebracht hatte. Der Sokrates des *Gorgias* hingegen weigerte sich, einen Unterschied zwischen den alten und neuen Politikern zu machen. Perikles habe *„die Athener zu einem faulen, feigen, geschwätzigen, geldgierigen Volk gemacht, indem er sie zuerst zu Söldlin-*

gen erniedrigt" (*Gorgias*, 515e). Und auch die, welche ihm an der Spitze der Stadt vorausgegangen sind, Themistokles, Kimon, Miltiades, waren kaum besser als er. Gewiß, was *„Schiffe und Mauern und Werften zu schaffen betrifft und vielerlei dergleichen (...), sind jene weit stärker gewesen als diese, die heutzutage regieren"* (*ebd.* 517c). Aber sie waren unfähig, ihre Mitbürger besser zu machen als sie nun einmal waren, was sich daran zeigt, daß die Athener Perikles am Ende seine Lebens verurteilten, Kimon und Themistokles verbannten und Miltiades eine Geldstrafe auferlegten, die er nicht bezahlen konnte, so daß er schließlich im Gefängnis sterben mußte. Auf diese Weise verwickelte Sokrates den Kallikles, seinen Gesprächspartner, in einen jener Widersprüche, die das Geheimnis seiner Beweisführungen waren. Wären Miltiades, Kimon, Themistokles und Perikles wirklich gute Politiker gewesen, so hätten sie die Athener auch besser gemacht. Wie aber läßt sich erklären, daß die Athener, die doch angeblich gerechte Menschen geworden waren, ihre führenden Politiker zu Unrecht verurteilt haben? Man muß dann wohl zugeben, daß sie ihrer Aufgabe nicht würdig waren, nämlich die Stadt auf den Weg der Gerechtigkeit zu führen.

Diese Auffassung von Politik ist offensichtlich eine platonische Auffassung. Sie erinnert an den Philosophen-König aus der *Politeia*, einem Text, der kurz nach dem *Gorgias* verfaßt wurde. Heißt dies nun, daß die hier, d. h. im *Gorgias*, ausgedrückten Ideen des Sokrates gar nicht seine eigenen sind, daß er nur Sprachrohr des Platon ist? Xenophon berichtet in den *Memorabilien* (III, 6) von einer Unterredung zwischen Sokrates und Glaukon, dem Bruder des Platon, was hier nicht ohne Interesse ist. Der junge Mann träumt davon, in Athen eine politische Karriere zu machen. Wie kann, so sagt Sokrates im wesentlichen, Glaukon das Gute für die Stadt erwirken, wenn er doch nichts über deren Einkünfte und Ausgaben weiß, über die Streitkräfte, über die sie verfügen kann, über die Silbergruben von Laureion und die Probleme der Stadt bezüglich der Produktion und Zufuhr von Getreide. Während also der Sokrates des *Gorgias* den politischen Menschen gemäß den Kriterien definierte, welche die des Platon sein werden, d. h. zunächst durch das Wissen um das Schöne, Gute und Gerechte, legt der Sokrates der *Memorabilien* einen Sinn für das Konkrete und die ökonomischen Realitäten an den Tag, den allein die Schriftsteller aus der ersten Hälfte des 4. Jahrhunderts, also auch Xenophon, besaßen. Daran zeigt sich, wie schwer es ist, eine genaue Idee dessen zu gewinnen, was Sokrates über die athenische Demokratie und ihre führenden Männer dachte. Dennoch gibt es zwischen dem Sokrates des Platon und dem des Xenophon zumindest in einem Punkt Übereinstimmung: Ein politischer Mensch wird man nicht einfach aus dem Stegreif. Es ist der Sokrates der *Memorabilien*, der bemerkt: „*Es ist allerdings sonderbar, warum die, welche die Zither oder die Flöte spielen oder reiten oder sonst etwas derartiges gehörig erlernen wollen, sich in dem Können, in dem sie leistungsfähig zu sein wünschen, so unablässig wie möglich üben, und zwar nicht für sich allein, sondern unter Anleitung derer, die als die Tüchtigsten darin gelten, indem sie alles ausführen und hinnehmen, um nichts ohne deren Billigung zu tun, als ob sie auf andere Weise nicht erfolgreich sein könnten; von denen aber, die bedeutende Redner und Staatsmänner werden wollen, glauben manche, ohne Vorbereitung und Ausbildung plötzlich von selbst zu solchen Leistungen fähig zu werden*" (*Memorabilien*, IV, 2, 6). Hier zeigt sich eine große Nähe zu den Ideen, die Sokrates im *Ersten Alkibiades* formuliert. Doch auch dort unterscheidet sich der Sokrates des Xenophon von dem des Platon durch seinen

Sinn für das Konkrete und Nützliche, und wenn er das ‚Erkenne dich selbst' des Gottes von Delphi erwähnt, so tut er dies, um daraus die Folgerung zu ziehen, daß „*wer sich selbst kennt, der weiß, was für ihn nützlich ist, und vermag zu unterscheiden, was er kann und was nicht. Wer das betreibt, was er versteht, der erwirbt sich, was er benötigt, und es geht ihm gut; andererseits hält er sich von dem fern, was er nicht versteht, und so begeht er keine Fehler und bleibt vor Unheil bewahrt*" (*Memorabilien*, IV, 2, 26).

Wir werden niemals wissen, ob Platon oder Xenophon die Ideen ihres Lehrmeisters über die athenische Politik getreuer überliefert hat. Aber sei es nun im Namen eines hohen Ideals oder einer eher nützlichen Moral, sowohl der eine als auch der andere Sokrates erscheint der demokratischen Staatsform gegenüber kritisch eingestellt, verlangte er doch von jenen, die die Stadt lenkten, keine besondere Fähigkeit, keine Ausbildung in dieser ‚Kunst', zu der auch die Politik zählte.

Gleichwohl aber ging die von Sokrates formulierte Kritik nicht über den Kreis seiner engsten Freunde hinaus. Wie bereits gesehen, hat sich Sokrates während seines ganzen Lebens aus freien Stücken versagt, in den öffentlichen Versammlungen das Wort zu ergreifen. Immer gewissenhaft seinen Pflichten als Bürger nachkommend, hat er seine Meinung nur zweimal öffentlich geäußert, nämlich anläßlich des Arginusenprozesses, wo er sich – als einziger unter den Prytanen – geweigert hatte, einen ungesetzlichen Vorschlag zur Abstimmung freizugeben, und während der Tyrannei der Dreißig, wo er sich nicht jenen Männern angeschlossen hatte, die damit beauftragt waren, nach einer Willkürentscheidung Leon von Salamis festzunehmen. Zweimal also hatte er sich geweigert, eine Tat zu begehen, die er als ungerecht ansah, doch geschah dies nur, weil er auf unmittelbare

Weise davon betroffen war. Der *demos* wußte also nichts darüber, wie Sokrates über die Politiker dachte, weder über diejenigen früherer Zeiten noch über diejenigen, die zu seiner Zeit die Stadt regierten. Über was er hingegen sehr wohl Bescheid wußte, war die Art der Persönlichkeit gewisser Leute, die Sokrates umgaben, verbreitete dieser doch seine Lehre auf öffentlichen Plätzen. Oben haben wir bereits die unterschiedlichen Herkünfte der Schüler des Philosophen herausgestellt. Manche unter ihnen waren bekannte Männer, die in den letzten Jahren des Jahrhunderts noch eine bedeutende Rolle spielen sollten, vor allem während der beiden oligarchischen Revolutionen von 411 und 404: Alkibiades natürlich, dessen Feinde in Athen mittlerweile zahlreich waren und der selbst nach seinem Tod im Exil weiterhin lebhafte Debatten auslöste; Kriton, der 404 Anführer der Dreißig wurde und sich durch Taten von besonders unmenschlicher Grausamkeit auszeichnete; Charmides, der zu den zehn Männern gehörte, die während der Anfänge der Tyrannei, noch bevor Thrasybulos sich ihrer bemächtigte, Piräus kontrollierten, und noch andere, unter denen der bescheidene Chairephon, der treu zu den Demokraten hielt, eine Ausnahmeerscheinung blieb. Sokrates war gewiß nicht verantwortlich für die Ansichten von Männern, die zum einen oder anderen Zeitpunkt ihres Lebens seine Schüler gewesen waren. Und dennoch konnte man diese Beziehungen nicht einfach außer Betracht lassen.

Um dieses Porträt des Sokrates aus den letzten Jahren seines Lebens abzurunden, bliebe nun nur noch, sich zu fragen, welche Gefühle er gegenüber Sparta hegte. Wir haben gesehen, daß sich im Athen der letzten Jahrzehnte des 5. Jahrhunderts etwas auszubilden begann, das ein Historiker einmal das „spartiatische Trugbild" genannt hat. Hat Sokrates zu diesem Bild beigetragen?

Ist er dafür empfänglich gewesen? Auch hier gilt es, sich Platon und Xenophon zuzuwenden. Die Lakonophilie des einen wie des anderen muß hier nicht aufgezeigt werden. Sicherlich, Platon wird einige Vorbehalte gegen gewisse Aspekte der spartanischen Erziehung machen, und Xenophon weiß in seinem *Staat der Lakedaimonier* sehr wohl, daß das Sparta zu seiner Zeit nicht mehr das Sparta „des Lykurgos" ist, des legendären Gesetzgebers, dem die Gesetze zugeschrieben werden, die das Leben der Stadt bestimmten. Dennoch bleibt für den einen wie für den anderen Sparta das Modell, auf das er sich immer wieder bezieht. Beide bezeugen, daß sie diese Bewunderung ihrem Lehrmeister verdanken. In den *Memorabilien*, in denen ein Gespräch zwischen Sokrates und Perikles dem Jungen, dem Sohn des großen Strategen, wiedergegeben wird, läßt Xenophon Sokrates sagen: *„Denn wann werden die Athener ebenso wie die Lakedaimonier die Älteren achten, da sie doch in der Mißachtung der Älteren bei ihren eigenen Vätern den Anfang machen, oder wann werden sie den Körper in gleicher Weise üben, da sie nicht nur selbst die körperliche Ausbildung vernachlässigen, sondern auch die verlachen, welche sich darum bemühen? Wann werden sie der Obrigkeit derart gehorchen, da sie doch sogar stolz auf ihre Mißachtung der Obrigkeit sind? Oder wann werden sie ebenso untereinander einig sein, da sie doch, anstatt sich zu gemeinsamem Nutzen zu helfen, vielmehr einander kränken und neidisch aufeinander als auf andere Menschen sind …?"* (Memorabilien, III, 5, 15–16). In den platonischen Dialogen sind die Referenzen auf das Modell Sparta zahllos. Halten wir diese kurze Passage aus der Personifikation der Gesetze im *Kriton* fest, in welchem die Gesetze Athens zu Sokrates sagen: *„Du aber hast weder Lakedaimon vorgezogen noch Kreta, die du doch immer rühmst als wohlgeord-*

nete Staaten" (*Kriton*, 52e). In diesem Text, von dem angenommen werden kann, daß in ihm die Ideen des wahren Sokrates zum Ausdruck kommen, versichert Sokrates seine Treue zur Stadt seiner Väter. Er gehörte also zu jenen, die Sparta für besser regiert hielten als die meisten der griechischen Städte. Aber man sieht wohl, in welchem Maße eine solche Meinung Argwohn unter den Athenern hervorrufen konnte, hatte doch die Stadt eben erst einen langen Krieg gegen die Lakedaimonier hinter sich. Die Ausführungen des Redners Lysias, die in der Mehrzahl aus dem Jahrzehnt nach der demokratischen Restauration stammen, zeigen, daß sich die Emotionen noch nicht gelegt hatten und daß die Gefühle gegen jene, die mit der Unterstützung der Lakedaimonier die Demokratie zu Fall brachten, in der Masse des *demos* noch genauso lebendig wie feindselig waren. Man versteht daher leicht, daß sich das Mißtrauen, das gegen all jene bestand, die verdächtigt wurden, gegenüber Sparta Sympathien zu hegen, gegen einen Mann wie Sokrates richten konnte, auch wenn dieser seinen Mut unter Beweis stellte und sich weigerte, dem Befehl der Dreißig zu gehorchen. Was er allerdings versäumte, war, seine Kritik gegen deren Herrschaft zu richten, und wer mit ihnen freundschaftliche Beziehungen zu unterhalten schien, konnte gefährlich erscheinen.

Doch Sokrates wurde nicht als Freund der Oligarchen oder als Bewunderer Spartas vor die Richter Athens gezerrt. Was auch immer der eigentlich politische Hintergrund seines Prozesses gewesen sein mag, es waren andere Motive, die die Ankläger gegen ihn geltend machten.

Der Prozeß

Es war also im Jahre 399, daß Sokrates von Meletos, Anytos und Lykon angeklagt wurde, *„nicht dieselben Götter wie die Stadt anzuerkennen, neue Gottheiten einzuführen und die Jugend zu verderben"* (Xenophon, *Apologie*, 10). Bevor wir Wesen und Grund dieser Anklagepunkte befragen, gilt es zu präzisieren, wie das Athener Gerichtswesen organisiert war und wie es funktionierte.

Das Rechtswesen von Athen

Die Gerichtsbarkeit von Athen war eine der Glanzleistungen der demokratischen Verfassung. Die Tradition sah in Solon ihren Wegbereiter. In der Tat war es der König, der in den vergangenen Zeiten über die richterliche Gewalt verfügte. Die Aufteilung der königlichen Autorität unter drei, dann neun Archonten, wie sie von Aristoteles überliefert wird, führte zugleich zur Teilung der richterlichen Gewalt zwischen den jährlich gewählten Archonten und dem Rat der durch Losverfahren bestellten Archonten, welcher auf dem Hügel des Areopag residierte. Mit der Redaktion eines Gesetzeskodex durch Drakon lag seit dem Ende der 7. Jahrhunderts eine erste Bestimmung von Verbrechen und Strafen, die sich auf Mord bezogen, vor. Die sehr schwerwiegende Krise, die Athen Anfang des 6. Jahrhunderts zu bestehen hatte, veranlaßte Solon dazu – und zwar zu derselben Zeit, in der er die landwirtschaftliche Krise mitsamt ihrer sozialen Folgen einer Lösung näher brachte –, die Stadt mit einer Summe von Gesetzen auszustatten, die, wie er sich in einem seiner Gedichte selbst zugute hielt, *„gleich sind für Gute und Böse und für jedermann verbindlich festlegen, was recht und billig ist."* Rief er damit aber auch schon ein Volksgericht ins Leben, wie es Aristoteles nahelegt, wenn er sagt, daß er das Recht auf die Anrufung von Gerichten einsetzte, um dem Volk mehr Macht zu geben? Es ist in der Tat schwer, sich über diesen Punkt eine klare Meinung zu bilden. Es besteht allgemeine Übereinstimmung in der Annahme, daß die Archonten und der Areopag noch lange Zeit und zumindest bis Anfang des 5. Jahrhunderts das alleinige Wissen über Verbrechen und die Macht zu verurteilen bewahrten. Zu diesem Zeitpunkt mußte wohl tatsächlich die *heliaia* eingerichtet worden sein, jenes aus 6000 Richtern zusammengesetzte Volksgericht, dessen Mitglieder jährlich durch Losverfahren gewählt wurden. Unter diesen 6000 rekrutierten Richtern wurden – so heißt es in der von Aristoteles hinterlassenen Beschreibung – abermals durch Losverfahren die Mitglieder der Gerichte im eigentlichen Sinne bestimmt, deren Zusammensetzung daher mit jedem Tag variierte und die angerufen wurden, um sich zu den ihnen vorgelegten Angelegenheiten zu äußern. So war denn aus dem Appellationsgericht der Archonten, als welches die *heliaia* zunächst fungierte, schnell ein souveränes Gericht geworden, das sich nun auf direkte Weise mit den Angelegenheiten auseinanderzusetzen hatte, denen gegenüber die Archonten und das für die Rechtsprechung zuständige sechsköpfige Kollegium der Thesmotheten nur noch die Funktion von Untersuchungsrichtern innehatten. Seit der Antike wurde einem gewissen Ephialtes die Maßnahme zugeschrieben, nach der dem Areopag der

Großteil seiner Kompetenzen genommen und auf die *heliaia*, das Volksgericht, übertragen wurde, aber auch auf die *boule* der Fünfhundert und die Volksversammlung. Die Griechen kannten allerdings nicht das, was wir Gewaltenteilung nennen, und sowohl die Versammlung als auch der Rat konnten als Gericht in Erscheinung treten. Doch es war die *heliaia*, die sich immer mehr zu einem obersten Gericht herausbildete, vor allem von dem Zeitpunkt an, als Perikles die Tätigkeit in der *heliaia* vergütete: Da es manchmal schwierig war, alle sechstausend an der Volksversammlung Beteiligten zusammenzubringen, drängte man nun im Gegenteil darauf, sofern man Aristophanes Glauben schenken kann, die Gerichte durch Losverfahren zu konstituieren. In den *Wespen* läßt er einen Chor von Heliasten auf der Bühne erscheinen, zumeist ältere Männer, die darum besorgt sind, rechtzeitig in der Versammlung zu erscheinen, um noch in den Genuß von drei Obolen zu kommen, die den *misthos heliasticos*, das Gehalt für die Richter der *heliaia*, ausmachten. Die athenische Gerichtsbarkeit war also eine Gerichtsbarkeit des Volkes, und nur einige äußerst spezielle Rechtsfälle unterlagen noch der Zuständigkeit der alten Gerichte, wie dem des Palladion oder des Areopag, wohingegen in all den weniger bedeutenden Fällen der Rekurs auf den privaten oder öffentlichen Schiedsspruch gängige Praxis war.

Man sieht daran aber sehr gut, daß zwischen der Versammlung des Volkes, die im Prinzip alle Athener umfaßte, und der *heliaia*, d. h. dem Volksgericht, dessen Mitglieder jedes Jahr neu durch Losverfahren bestimmt wurden, ein Entsprechungsverhältnis bestand. Es ist übrigens bezeichnend, daß sich in ihren Plädoyers Ankläger und Angeklagte an die Richter wandten und sie unterschiedslos als ,*Richter*' oder ,*Athener*' ansprachen. Dieses oberste Gericht, das in gewisser Weise eine Doublette der obersten Versammlung war, mußte sich sowohl in privaten wie in öffentlichen Rechtsfällen auskennen. Oft bezeichnete man erstere mit dem Begriff *dikai*, letztere mit *graphai*. In Wirklichkeit aber war der Unterschied nicht so klar, wie man aus dem Bezug zu modernen Rechtspraktiken schließen könnte. Manche Taten wurden als *dikai demosiai* eingestuft, was soviel heißt wie ‚*eine Tat, die das Volk betrifft*', und darin zeigt sich, daß der Begriff *dike* auf jede Art von Rechtshandlung angewandt werden konnte. Im Unterschied zu den Römern hatten die alten Griechen ihre juridischen Kategorien nicht so präzise ausgearbeitet. Gewisse moderne Interpreten haben die Ansicht vertreten, daß sich die *dikai* von den *graphai* dadurch unterscheiden würden, daß erstere von demjenigen – oder seinen Vertretern – angestrengt wurden, der sich auf eine direkte Weise in seinem Recht verletzt fühlte, während die *graphai* von jedermann eingeleitet werden konnten.

In der Tat besteht ein charakteristischer Wesenszug der athenischen Justiz darin, daß es dafür kein eigentlich öffentliches Amt gab. Jeder konnte ein Verfahren anstrengen „zugunsten einer Person, die Opfer einer Ungerechtigkeit geworden ist". Aristoteles schreibt diese Bestimmung Solon zu, und er hält sie für besonders demokratisch. In der Praxis kam diese Möglichkeit immer dann ins Spiel, wenn Angelegenheiten verhandelt wurden, die die Gesamtheit der bürgerlichen Gemeinschaft betrafen. Von daher die Stellung, welche den alten Autoren zufolge diejenigen einnahmen, die als berufsmäßige ‚Anzeiger' fungierten und Sykophanten genannt wurden. Sie dienten, oft gegen ein Entgelt, als Instrumente zur Beilegung politischer Streitigkeiten. Demosthenes beschreibt zum Beispiel einen dieser Sykophanten folgendermaßen: „*Er überquert die Agora und streift dabei so angespannt wie eine Viper oder ein Skorpion umher, um mit den Augen jemanden auszumachen, dem er einen Schlag versetzen, eine Beleidigung zufügen oder eine Verleumdung anhängen könnte und den er in Angst und Schrecken versetzen würde, um Geld von ihm zu erpressen"* (*Gegen Aristogiton*, I, 52).

Diese Rolle der Anzeiger im Funktionsmechanismus des athenischen Rechtswesens erklärt, wie dieses zu einem bedeutsamen Instrument innerhalb der politischen Auseinandersetzungen werden konnte. So spielten sich besonders im 4. Jahrhundert die großen politischen Debatten eher vor den Gerichten als in den Versammlungen ab. Dies gilt es im Gedächtnis zu behalten, wenn es an die Analyse des Sokratesprozesses geht. Denn aufgrund der Volksnähe dieses Rechtswesens konnte jede Angelegenheit, selbst eine private, Anlaß zu einer politischen Diskussion geben, ließ man es sich doch nicht entgehen, etwa in einer Erbangelegenheit, gegen den Widersacher Argumente anzuführen, die nichts mit der Sache selbst zu tun hatten, sei es, um das eigene politische Verhalten in einer bestimmten Situation herauszustellen, oder sei es, um zur eigenen Verteidigung all die Dienste anzuführen, die man für die Stadt geleistet hatte.

Das Gericht hatte immer dann zu tagen, wenn eine Klage vor dem zuständigen Untersuchungsrichter, einen der Archonten oder der sechs Thesmotheten, eingereicht bzw. – in dem Maße, wie die Rechtsfälle verschiedene Bereiche betrafen – vor spezialisierte Beamte, wie jene, die man ‚Einleiter' *(eisagogeis)* nannte, gebracht worden war. Am Tag, an dem der Prozeß stattfinden sollte, wurden alle Mitglieder der *heliaia* zusammengerufen. Man schritt dann zur Auslosung derjenigen, die einen Sitz erhalten sollten und deren Zahl je nach Gewichtung der Angelegenheit variieren konnte: Nach unseren Quellen zwischen 201 und 2501, wobei die ungerade Zahl mit Sicherheit eine Mehrheit garantierte.

Man richtete es so ein, daß jeder der zehn Stämme in gleicher Weise in jedem der Gerichte vertreten war, so daß in ihnen die ganze Stadt vertreten war. Theoretisch sollte die Öffentlichkeit an den Prozessen nicht teilnehmen, aber man weiß aus Andeutungen der Prozeßführer, daß sich die Athener oft in Massen um die Absperrungen drängten, innerhalb derer die Richter tagten. Am selben Tag konnten verschiedene Angelegenheiten vor das Gericht gebracht werden. Wenn es sich aber um eine wichtige Sache von politischer Tragweite handelte, so konnte diese eine Verhandlung den ganzen Tag über dauern. Der oder die Kläger und der Angeklagte ergriffen nacheinander das Wort. Ihre Redezeit wurde mit einer Wasseruhr, dem Klepsydron, gemessen, das angehalten wurde, wenn man zur Zeugenbefragung oder zur Lektüre von Gesetzestexten überging, die vom Prozeßführer zur Unterstützung der Verteidigung oder der Anklage angeführt wurden. Im allgemeinen mischten sich die Parteien direkt in die Verhandlung ein. Doch manchmal ließen sich Kläger und Angeklagter auch von dem vertreten, der das Plädoyer aufgesetzt hatte, dem *Logographen*. Von Demosthenes ist bekannt, daß er diesen Beruf ausübte und dadurch sein Vermögen wiederherstellte, das seine Vormünder verschwendet hatten. Gleichzeitig diente ihm diese Tätigkeit als Lehrzeit für das politische Leben.

Waren die Verhandlungen abgeschlossen, mußten sich die Richter für oder gegen die Anklage aussprechen. Den beiden Parteien, deren Plädoyers sie zuvor gehört hatten, wurden keine Fragen gestellt. Sie mußten einen Kieselstein *(psephos)* in eine der beiden Urnen legen, die auf dem Tisch vor der Tribüne standen, auf welcher der Gerichtspräsident seinen Sitz hatte, zusammen mit dem Gerichtsschreiber und dem Herold an seiner Seite, der das Resultat der Abstimmung bekannt gab. Erforderlich war die einfache Mehrheit. Im 4. Jahrhundert wurde der einfache Kieselstein durch zwei Bronzemünzen ersetzt, wobei die eine voll und die andere gelocht war. Die erste bedeutete Freispruch, die zweite Verurteilung. Jeder Richter legte diejenige Münze, die seine Meinung zum Ausdruck brachte, in eine bronzene Amphore, die andere in eine hölzerne Vase. Dies war ein Mittel, um sicherzugehen, daß alle Richter abgestimmt hatten und jeder Betrug ausgeschlossen blieb. War Freispruch ergangen, konnte sich der Ankläger eine Strafe zuziehen. Hatten sich die Richter hingegen für die Verurteilung ausgesprochen, stellte sich folgende Situation dar: Entweder sah das Recht eine Strafe entsprechend dem Vergehen vor, deren Ausführung dann dem zuständigen Beamten übertragen wurde; oder nichts dergleichen war vorgesehen, und Ankläger und Angeklagter konnten selbst eine Strafe vorschlagen, über welche die Richter dann als letzte Instanz entschieden. Genau dies wird im Prozeß des Sokrates der Fall sein, auf den wir nun zurückkommen.

Die Ankläger

Die Anklage gegen Sokrates wurde von drei Bürgern der Stadt erhoben: Meletos, Anytos und Lykon. In Wirklichkeit aber scheint es doch wohl Meletos allein gewesen zu sein, der die Klageschrift vor den Archonten-König brachte, den Beamten, der über alle Rechtsfälle mit religiösem Charakter Bescheid wissen mußte. Das gegen Sokrates angestrengte Verfahren fiel unter die *graphe asebeias*, eine Handlung der Gottlosigkeit. Dieser Meletos war der Sohn eines zwielichtigen tragischen Dichters, der eine Tetralogie über die Geschichte des Ödipus verfaßt hatte. Er selbst sah sich auch als Dichter, und er war zweifellos noch jung zur Zeit des Prozesses gegen Sokrates. Platon und Xenophon lassen ihn in ihren Apologien als den Gesprächspartner des Sokrates auftreten. Doch es besteht Zweifel daran, daß Sokrates im Verlauf des Prozesses einen Dialog mit seinem Ankläger führen konnte, vergleichbar denen, die er sonst zu führen pflegte. Meletos jedenfalls gibt eine schlechte Figur ab. Er ist unfähig, auf die Fragen zu antworten, die ihm Sokrates stellt, oder gezwungen, dem Sokrates zuzustimmen, wenn dieser ihn in Widersprüche verstrickt, und er stellt sich außerdem selbst in seiner Unwissenheit bloß, wenn er die Lehre des Sokrates mit der des Anaxagoras durcheinanderbringt. Es ist daher in der Tat wahrscheinlich, daß Meletos im Vorbringen seiner Klageschrift nur das Instrument eines Mannes ist, der noch viel wichtiger ist, nämlich Anytos.

Dieser Anytos war wirklich ein reicher und einflußreicher Mann, einer von den ‚neuen Politikern', die während des Peloponnesischen Krieges in Erscheinung traten. Im Unterschied zu denjenigen, die bis dahin durch das Volk an die Spitze der Stadt gewählt worden waren und die alle zu den alten aristokratischen Familien gehörten, welche sich auf glänzende Vorfahren beriefen, gingen diese neuen Politiker aus bescheideneren Verhältnissen hervor, hatten es aber durch gewinnbringende Ausnutzung sklavischer Handarbeit in den Handwerksbetrieben schnell zu einem Vermögen gebracht. Wie Kleon war auch Anytos Gerber. Und genau wie Kleon war er ein reicher Mann geworden, der sich damit zufrieden gab, die Einkünfte zu registrieren, die seine Gerberei abwarf. Er war 409 Stratege gewesen und hatte den Verlust von Pylos doch nicht verhindern können. Nun war aber noch im selben Jahr durch die Versammlung ein Dekret zur Abstimmung gebracht worden, welches vorsah, daß gegen jeden Strategen, der seine Stellung dem Feind überlas-

sen hatte, ein Verfahren *(eisangelie)* wegen der Gefähr-
dung der Sicherheit des Staates eingeleitet werden
könnte. Anytos hingegen war es gelungen, der Verurteilung zu entgehen, dank der Freundschaften, auf die er im
Rat zählen konnte, und vielleicht auch mit Hilfe von Korruption. Wenn man Aristoteles glauben mag, so situierte
er sich politisch unter den Gemäßigten im Umfeld des
Theramenes. Aber als sich die Dreißig der Herrschaft bemächtigt hatten, wählte er das Exil und gehörte zu denjenigen, die sich Thrasybulos anschlossen. Unmittelbar
nach der demokratischen Restauration trat er also unter
den Urhebern dieser Restauration auf und unter den
Männern, die über die Angelegenheiten Athens zu entscheiden hatten. Der Rhetor Isokrates spricht in einem
um 401 verfaßten Plädoyer von Anytos als einem der
damals mächtigsten Männer in der Stadt, aber auch von
einem derjenigen, die den Dreißig zum Opfer gefallen waren und es dennoch, die Amnestie respektierend, unter-
ließen, an ihren Gegnern Rache zu üben. Platon läßt ihn
in einem seiner Dialoge, im *Menon*, auftreten. Er erscheint hier als Sprachrohr der ‚ehrenwerten Leute‘, derjenigen, die gegenüber den Sophisten und all den Schön-
rednern mißtrauisch sind. Dem Sokrates, der ihn fragt,
ob man all jene Männer für töricht halten solle, die als
die weisesten unter allen gelten, antwortet Anytos:
*„Weit gefehlt, daß diese töricht wären, Sokrates; sondern
nur die Jünglinge, welche ihnen Geld geben, und noch
mehr als diese die Angehörigen, die es ihnen gestatten.
Am allermeisten aber unter allen die Städte, welche sie
hereinkommen lassen und nicht vielmehr jeden austrei-
ben, welcher dergleichen zu tun unternimmt, mag es ein
Fremder sein oder ein Bürger“* (*Menon*, 92a-b). Für Anytos stellten also die Sophisten und all jene, die sich un-
terstanden zu philosophieren, eine Gefahr für die Jugend
dar, der man besser die großen Männer der Vergangenheit

als Beispiel geben sollte, wie etwa Themistokles, Aristides oder Perikles. Daraufhin entgegnet ihm Sokrates, daß von diesen großen Männern keiner einen Sohn nach der eigenen Maßgabe hervorgebracht hätte, was auf ihr Unvermögen rückschließen ließe, die Tugend und das Gute zu lehren. Xenophon nun berichtet in seiner *Apologie*, was Sokrates über Anytos gesagt haben soll: *„Er glaubt, aus meinem Tod großen und wunderbaren Gewinn gezogen zu haben, weil ich ihm, wohl wissend, daß er ja selbst durch die Stadt zu höchsten Würden gelangt war, gesagt habe, er solle seinen Sohn nicht den Beruf eines Gerbers erlernen lassen"* (*Apologie*, 29–30).

Meletos auf der einen Seite und Anytos auf der anderen Seite sind folglich wohl für das gegen Sokrates eingeleitete Verfahren verantwortlich und repräsentieren die öffentliche Meinung Athens, von der Aristophanes in den *Wolken* ein Echo gab, indem er Sokrates mit den Zügen eines Wolkenanbeters ausstattete, als einen von jenen ‚*Physikern*', welche die Sonne für einen Stein hielten, aber auch als einen von diesen Sophisten, die die Jugend zu Respektlosigkeit und Ungehorsam gegenüber der Ordnung der Väter anhielten.

Über Lykon, den dritten Ankläger des Sokrates, weiß man fast nichts, außer daß er ein ‚Redner' und als solcher dem Gespött der Komödiendichter ausgesetzt war. Einer von ihnen, Eupolis, spielt auf seine fremde Herkunft an, ein Vorwurf, der traditionellerweise gegen Politiker erhoben wurde, die ihre Einkünfte mit handwerklichen Tätigkeiten bestritten. Ein anderer, Kratinos, nennt ihn verweichlicht und macht bissige Bemerkungen über seine Armut. Er war wahrscheinlich einer dieser Redner, die sich im Umfeld von angehenden Politikern bewegten und welche diese an ihrer Stelle auftreten ließen, wenn sie sich selbst nicht in den Vordergrund drängen wollten. Dies war einer der charakteristischen Wesenszüge im realen Ablauf des politischen Lebens von Athen: Parteien, so wie wir sie heute kennen, gab es nicht, aber um die wichtigsten politischen Männer gruppierten sich Leute, die mit ihnen verbunden waren, sei es durch familiäre oder eheliche Bande, sei es durch gemeinsame Interessen. Es ist wahrscheinlich, daß Lykon einer derjenigen Redner war, die zum Freundeskreis des Anytos gehörten, und daß dieser ihn an seiner Stelle bzw. zusammen mit ihm agieren ließ, wenn es eine bestimmte Politik zu verteidigen, einen seiner Nächsten, der in einen Prozeß verwickelt war, zu unterstützen galt, oder wenn es darum ging, so wie im Fall des Sokrates, einem Angriff gegen eine wichtige Persönlichkeit mehr Gewicht zu verleihen.

Die Verbindungen des Meletos und des Lykon mit Anytos, die wichtige Rolle, die dieser unmittelbar nach der demokratischen Restauration in der Stadt spielte, all dies weist darauf hin, daß es unter dem Deckmantel eines Prozesses gegen Gottlosigkeit in Wirklichkeit um einen politischen Prozeß ging. Aber Sokrates war mit keinerlei öffentlichem Amt betraut. Es bedurfte also anderer Winkelzüge, um ihn zu treffen. Daher die eigenartige Anlage der von seinen Anklägern ausformulierten Anklageschrift.

Die Hauptanklagepunkte

Wir müssen nun auf die beiden Hauptanklagepunkte zurückkommen, die gegen Sokrates vorgebracht wurden: die Verführung der Jugend und der Glaube an Gottheiten, welche nicht die der Stadt waren.

Über den ersten Punkt braucht man sich nicht lange auszulassen. Als Freund des Alkibiades, des Charmides und des Kritias konnte Sokrates in den Augen der öffent-

lichen Meinung von Athen leicht als der schlechte Ratgeber derjenigen Männer gelten, die aus verschiedenen Gründen der Demokratie Schaden zugefügt hatten. Für den Mann von der Straße nur schwer von den Sophisten zu unterscheiden, war er in den Augen vieler derjenige Sokrates, welcher den jungen Phidippides in den *Wolken* die Kunst lehrt, seinem Vater zu beweisen, daß er das Recht habe, ihn zu schlagen. In dem Dialog, der als Parodie auf den sokratischen Dialog zu lesen ist, heißt es: *„Phidippides – Ich komme wieder auf den Satz, wo du mich unterbrochen, und frage dich vor allem: hast du mich als Kind geschlagen?*
Strepsiades – Nun ja, aus Lieb' und Sorge nur für dich!
Phidippides – Aha! Nun sage: Ist's da nicht billig, daß auch ich dir meine Liebe zeige? Warum soll deine Haut allein gesichert sein vor Prügeln, die meine nicht?"

Wenn, wie von Xenophon berichtet, Sokrates versucht hat, den Sohn des Anytos von dem Beruf der Gerberei abzubringen, einem Beruf, durch den sein Vater reich geworden war, so begreift man, daß letzterer in den Philosophen nur die Verführer der Jugend sehen konnte. In der Tat ist es offensichtlich die Anziehungskraft, die er auf viele junge Männer aus den besten Familien der Stadt ausübte, die dieser Anschuldigung einiges Gewicht verleihen konnte. In der *Apologie* des Platon gesteht Sokrates selbst diesen Einfluß zu, den er auf einen Teil der athenischen Jugend hatte, und er erkennt die Konsequenzen, die sich daraus ergeben: *„Über dieses aber folgen mir die Jünglinge, welche die meiste Muße haben, der reichsten Bürger Söhne also, freiwillig und freuen sich, zu hören, wie die Menschen untersucht werden; oft auch tun sie es mir nach und versuchen selbst, andere zu untersuchen, und finden dann, glaube ich, eine große Menge solcher Menschen, welche zwar etwas zu wissen glauben, aber wenig oder nichts wis-*

sen. *Deshalb nun zürnen die von ihnen Untersuchten mir und nicht sich und sagen, Sokrates ist doch ein ganz ruchloser Mensch und verdirbt die Jünglinge. Und wenn sie jemand fragt, was doch treibt er und was lehrt er sie: so haben sie freilich nichts zu sagen, weil sie nichts wissen; um aber nicht verlegen zu erscheinen, sagen sie dies, was gegen alle Freunde der Wissenschaft bei der Hand ist, er lehre die Dinge am Himmel und unter der Erde, den Unglauben in bezug auf die Götter sowie die Kunst, Unrecht zu Recht zu machen. Denn die Wahrheit, denke ich, möchten sie nicht sagen wollen, daß sie nämlich offenbar werden als solche, die zwar vorgeben, etwas zu wissen, wissen aber nichts"* (Apologie, 23c–d).

Diese engen Beziehungen, die Sokrates mit seinen Schülern unterhielt, führen zu einem Problem, das vor nicht allzulanger Zeit von Michel Foucault im zweiten Band von *Sexualität und Wahrheit* untersucht wurde, nämlich dem der griechischen Knabenliebe. Wenn die Gegner des Sokrates ihn der ‚Verführung der Jugend' anklagten, wollten sie ihm dann den Vorwurf machen, daß er, trotz seiner Häßlichkeit, durch körperliche Reize auf die jungen Leute einwirken wollte? Es kann hier selbstverständlich nicht darum gehen, all die Probleme anzuschneiden, die sich aus dem ergeben, was man gewöhnlich ‚griechische Liebe' nennt, und auch nicht um all die Nuancen, die zwischen Päderastie und Homosexualität bestehen. Sokrates, war, wie wir gesehen haben, verheiratet und Familienvater, und das wird wohl auch für die jungen Leute gelten, die ihn umgaben und die, da sie obendrein noch reich waren, nicht darin nachlässig werden konnten, ihre Nachkommen finanziell abzusichern. Aber eine Ehefrau, Kinder oder gar eine Mätresse zu haben, war, zumindest in gewissen Kreisen, kein Hinderungsgrund dafür, Beziehungen besonderer Art mit einem Jüngling aus gutem Hause zu unterhalten, dem man als Mentor diente. Zwischen dem Erasten, dem Erwachsenen, und dem Eromenen, dem jungen Mann, bildete sich eine wechselseitige Beziehung heraus, bei der ein körperliches Verhältnis durchaus nicht ausgeschlossen war, die sich aber nicht darauf beschränkte. Wahr ist, daß sich solche Beziehungen in einem aristokratischen und elitären Kontext bildeten und bei den einfachen Leuten ähnliche Reflexe auslösten, wie sie sich in den oft obszönen Späßen, die Aristophanes und die anderen Komödiendichter über die ‚Invertierten' machten, wiederfinden lassen. Aber wenn man dem Bericht des Alkibiades in Platons *Symposion* über den mißlungenen Verführungsversuch des Sokrates Glauben schenken mag, so hat sich der Philosoph, auch wenn er sich gern mit jungen Männern umgab, davor in acht genommen, den Lüsten des Fleisches zu unterliegen: „(...) *und legte mich unter seinen Mantel, indem ich mit beiden Armen diesen göttlichen und in Wahrheit ganz wunderbaren Mann umfaßte, und so lag ich die ganze Nacht. Und auch das, Sokrates, wirst du nicht sagen können, daß ich lüge. Und obgleich ich dies alles getan, siegte er so sehr und verachtete und verlachte meine Schönheit und trieb Übermut, wiewohl ich doch glaubte, es wäre etwas damit, ihr Richter – denn Richter seid ihr über des Sokrates Hochmut –, wißt es nur, bei Göttern und Göttinnen, daß, nachdem ich so mit dem Sokrates geschlafen hatte, ich aufstand, ohne etwas weiteres, als wenn ich bei einem Vater oder älteren Bruder gelegen hätte"* (*Symposion*, 219c).

Man muß also auf eine solche Interpretation, die auf die verführerische Macht des Sokrates hinauswill, verzichten. Denn wie schon gesagt, war das Urteil mehr politischer als moralischer Natur. Und wir werden diese politische Dimension auch in dem zweiten Anklagepunkt wiederfinden, dem, nicht an die Götter der Stadt zu glauben. Wie Platon es den Sokrates sagen läßt, rühren beide Anklagepunkte von dem Bild her, das sich die athenische Meinung von dem Philosophen machte. Darum auch schreibt Aristophanes dem Sokrates und seinen Schülern ein Interesse daran zu, *„was im Himmel und unter der Erde geschieht"*, um eine Formulierung aus der *Apologie* aufzugreifen, und auch eine Verehrung der Wolken, jene Göttinnen, *„die Gedanken, Ideen, Begriffe, die uns Dialektik verleihen und Logik, und den Zauber des Worts, und den blauen Dunst, Übertölplung, Floskeln und Blendwerk"* (Aristophanes, *Die Wolken*, 211–215).

Aber dies war eine Grille des Komödiendichters. Konkreter – und dies beweist auch der Dialog zwischen Sokrates und Meletos in der *Apologie* des Platon – klagte man Sokrates, wie auch die anderen Philosophen, dafür an, daß er die Gottheiten, die herkömmlicherweise von der Stadt verehrt wurden, durch Abstraktionen ersetzt habe. Xenophon bemüht sich in den *Memorabilien*, diese Anschuldigungen zurückzuweisen, wenn er zeigt, wie sich Sokrates im Gegenteil diesen Leuten gegenüber kritisch verhält, von denen *„denn auch den einen, die über die Natur des Weltalls nachgrübelten, das Seiende nur eines zu sein [schien], den anderen aber der Zahl nach unbegrenzt vieles; die einen meinten, alles entstehe und vergehe, die anderen dagegen, daß nichts jemals entstanden und vergangen sei"* (*Memorabilien*, I, 1,14). Des weiteren klagte man ihn dafür an, zu behaupten, *„daß die Sonne ein Stein und der Mond eine Erde sei"*, und also an keinen Gott mehr zu glauben. Weiter oben im Text haben wir gesehen, daß es tatsächlich gewisse Sophisten gab, die zu solchen Schlußfolgerungen gelangt waren; insbesondere der berühmte Kritias war nicht davor zurückgeschreckt, die Existenz der

Götter zu leugnen bzw. in ihnen bloße Erfindungen des menschlichen Geistes zu sehen. Aber es scheint wohl doch so, daß die Anklage, nicht an die Götter der Stadt zu glauben und neue einzuführen, auch wenn sie aus einer Verwechslung zwischen Sokrates und den mehr oder weniger offen atheistischen Sophisten herrührte, doch einer gewissen Grundlage in bestimmten Äußerungen des Sokrates nicht entbehrte, die, auch wenn sie keinen ,Atheisten' erkennen ließen, so doch zumindest von einem religiösen Glauben zeugten, der ein wenig anders war als die offizielle Religion.

Dies ist eine in besonderem Maße heikle Frage, und darüber wurde auch schon sehr viel geschrieben. Einige haben in der ,Religion' des Sokrates die Ankündigung irgendeines feurigen Monotheismus gesehen. Ausgehend von dem doppelten Zeugnis des Platon und des Xenophon und vor jeder vorgefaßten Meinung uns hütend, muß man versuchen zu sehen, was es damit auf sich hatte. Zunächst ist es wichtig, sich zu erinnern, daß die griechische Religion in keinster Weise eine dogmatische Religion war. Der Glaube an eine Unendlichkeit göttlicher Mächte und die Pflege religiöser Bräuche, über welche die Stadt die Kontrolle ausübte, bedingten sich gegenseitig. Die Frömmigkeit bestand darin, sich den Riten anzupassen, durch die der Zusammenhalt der Stadt gefestigt wurde. Jede Demonstration von Zweifel oder Gleichgültigkeit in bezug auf die Religion der Stadt kam einem Angriff auf die Einheit der Gemeinschaft gleich, und es ist kein Zufall, daß die Gottlosigkeit, die *asebeia*, mit einer *graphe*, einer öffentlichen Gegenmaßnahme, bestraft wurde. Man darf nicht vergessen, daß die ganze Zeit des Peloponnesischen Krieges diesbezüglich eine sehr unruhige Periode war. Erinnern wir uns nur an die Affäre um die Hermokopiden und der Parodien auf die Mysterien von Eleusis am Vorabend der Sizilienexpedition, Affären, in die Alkibiades verwickelt war und die zu seiner Abberufung und seinem Exil führten. Natürlich hatten die Lehre der Sophisten und der Rationalismus eines Gelehrten wie Anaxagoras, von dem Sokrates in der *Apologie* des Platon sagt, daß man sich seine Bücher auf der *Agora* für eine Drachme besorgen könne, unter der goldenen Jugend von Athen die größten Schäden angerichtet. Nun waren aber diese Kreise genau jene, aus denen die Schüler des Sokrates hervorgingen, von denen einige in die beiden oligarchischen Revolutionen am Ende des 5. Jahrhunderts verwickelt waren. Es ist daher nicht verwunderlich, daß jede Demonstration eines Denkens, das sich scheinbar vom religiösen Konformismus der Stadt entfernte, als eine Demonstration der *asebeia*, der Gottlosigkeit, erschien. Daher auch die wachsende Zahl an Prozessen, die von besorgten und konservativen Anhängern der Demokratie angestrengt wurden und der Männer wie Anaxagoras, vielleicht auch Protagoras und Euripides und schließlich auch Sokrates zum Opfer fielen.

Welcherart war nun also die ‚Religion' des Sokrates? In dem Verhör, dem er Meletos in der *Apologie* des Platon unterzieht, stellt Sokrates ihm die wesentliche Frage: *„Meinst du, ich lehre zu glauben, daß es gewisse Götter gäbe – so daß ich also doch selbst an Götter glaube und nicht ganz und gar gottlos bin, noch also hierdurch frevle –, nur jedoch die nicht, an welche der Staat glaubt, und ob du mich deshalb verklagst, daß ich an andere glaube; oder ob du meinst, ich selbst glaube an überhaupt keine Götter und lehre dies auch anderen?"* Worauf Meletos antwortet: *„Dieses meine ich, daß du an überhaupt keine Götter glaubst"* (*Apologie*, 26c). Für seinen Hauptankläger war Sokrates also ein *atheos*, ein Mensch, der die Existenz der Götter leugnete. Dies ist selbstverständlich eine sehr viel schwerwiegendere Anschuldigung als die, neue Gottheiten einzuführen. Was letzteres betrifft, wissen wir, daß die Stadt diesbezüglich eher anfällig war: In den letzten Jahrzehnten des 5. Jahrhunderts waren orientalische Kulte mystischen oder orgiastischen Charakters, wie jene der thrakischen Göttin Bendis, der Kybele oder des Adonis oder des phrygischen Gottes Sabazios in Athen eingeführt worden, und zwar im Zuge des Andrangs von Bevölkerungsgruppen fremdländischer Herkunft nach Piräus, Kaufleuten vor allen Dingen, die darauf bestanden, den Kult ihrer nationalen Götter weiterhin betreiben zu können. Zu Beginn der *Politeia* haben sich Sokrates und seine Freunde nach Piräus begeben, um an einer Prozession zu Ehren der Bendis teilzunehmen, einer Prozession, an der sich die Bewohner von Piräus und die aus Thrakien, die dort lebten, beteiligten und bei der griechische Bürger sowie Fremde bunt durcheinandergemischt zugegen waren. Es ist durchaus möglich, daß man infolge der demokratischen Restauration gegen die Einführung dieser fremden Kulte reagierte, ebenso wie man das Gesetz des Perikles aus dem Jahre 451 wieder neu in Kraft setzte, welches besagte, daß nur derjenige in die Bürgerschaft aufgenommen werde, dessen beide Elternteile athenischer Herkunft sind. Diese ,Xenophobie' in einem Klima der Krise würde erklären, daß man Sokrates dafür anklagen konnte, neue Gottheiten in die Stadt einzuführen. Aber die Beharrlichkeit, mit der Meletos Sokrates zum Atheisten machen wollte, zeugt davon – und zwar trotz des feindseligen Klimas gegenüber den Fremden –, daß die Verehrung anderer Gottheiten als jene, die zum Pantheon der Stadt gehörten, von der Gesamtheit der Athener nicht für so schwerwiegend erachtet wurde. Nichtsdestoweniger spielte in der Anklage die Ersetzung der Stadtgötter durch „neue Gottheiten" eine Rolle. Der dafür verwendete Begriff war der

der *daimones*. Es handelte sich also nicht um Gottheiten fremder Herkunft, sondern um etwas ganz anderes. In dem Verhör, dem er Meletos unterzieht, gibt Sokrates von diesen *daimones* eine Definition, die, auch wenn sie keine strenge sein will, jedenfalls deren göttlichen Charakter unterstreicht: *„Wenn ich also an Daimonen glaube, wie du sagst, und die Daimonen sind selbst Götter, das wäre ja ganz das, was ich sage, daß du Rätsel vorbringst und scherzest, wenn du mich, der ich an keine Götter glauben soll, hernach doch wieder an Götter glauben läßt, da ich ja an Daimonen glaube. Wenn aber wiederum die Daimonen Kinder der Götter sind, unechte von Nymphen oder andern, denen sie ja auch zugeschrieben werden: welcher Mensch könnte dann wohl glauben, daß es Kinder der Götter gäbe, Götter aber nicht? Ebenso ungereimt wäre das ja, als wenn jemand glauben wollte, Kinder gebe es wohl von Pferden und Eseln, Maulesel nämlich, Esel aber und Pferde wollte er nicht glauben, daß es gäbe"* (Apologie, 27d–e). Dieser etwas respektlose Vergleich war ganz nach Art des Sokrates. Er verdeckte allerdings eine Realität in der Entwicklung des religiösen Denkens der Griechen, die man nicht verkennen sollte: eine gewisse Tendenz, den Begriff des Göttlichen von einer klar bestimmten göttlichen Persönlichkeit zu abstrahieren, ein Gedanke, der sich vom 5. Jahrhundert an in gewissen intellektuellen Zirkeln zu entwickeln schien. Herodot, Pindar und die Tragiker verwenden oft den Ausdruck *theos*, Gott, ohne weiter zu präzisieren, um welchen Gott es sich dabei handelt. Manchmal bedeutet ‚*der Gott*' Apollon von Delphi, manchmal auch Zeus in seiner Eigenschaft als höchste Gottheit. Manchmal aber bringt die Ungenauigkeit auch das Bemühen um Abstraktion zum Ausdruck, welches von *„der Anstrengung einer Epoche zeugt, die unterwegs ist, die Religion der Vorfahren im Hinblick* auf rationalere Normen neu zu betrachten, in dem Maße, wie diese dahin tendieren, das Willkürliche, Unmoralische, Anstößige und Unwahrscheinliche der göttlichen Welt zu eliminieren, um ihr, bis zu einem gewissen Grad, eine akzeptable Ordnung zu verleihen, sowohl für den Verstand als auch für die Frömmigkeit" (Ed. Will, Le monde grec et l'Orient, Le Vème siècle, S. 595–596). Man begreift leicht, daß ein solch abstrakter Begriff des Göttlichen Sokrates verführen konnte. Aber wenn man den Worten glauben mag, die Platon ihm in den Mund legt, dachte er, mit Hilfe dieses abstrakten Göttlichen besonders geeignete Beziehungen festgesetzt zu haben, die sich auf konkrete Weise übersetzen ließen: „Hiervon nun ist die Ursache, was ihr mich oft und vielfältig sagen gehört habt, daß mir etwas Göttliches und Daimonisches widerfährt, was auch Meletos in seiner Anklage spottend erwähnt hat. Mir aber ist dieses von meiner Kindheit an geschehen, eine Stimme nämlich, welche jedesmal, wenn sie sich hören läßt, mir von etwas abredet, was ich tun will, zugeredet aber hat sie mir nie" (Apologie, 31c–d). Lange hat man sich über dieses ‚Daimonion' des Sokrates den Kopf zerbrochen. Einige dachten, daß diese Stimme, die sich an ihn richtete, um ihn zu warnen, diejenige seines Gewissens war, die ihm allein diktierte, was er zu tun und wie er zu leben habe. Andere haben behauptet, daß dieses ‚Gewissen' auf dem wirklichen Glauben an einen einzigen Gott beruhte, sei es der Gott von Delphi, der dem Chairephon offenbart hatte, daß Sokrates der Weiseste unter den Menschen sei, sei es Zeus, dessen Name für den einzigen und allmächtigen Gott stand. Weil uns das Denken des Sokrates nur über das seiner Schüler überliefert wurde, ist es sehr schwer, darüber Genaueres zu sagen. Was auch immer seine innersten Überzeugungen gewesen sein mögen, so läßt sich jedenfalls aus dem

Zeugnis des Xenophon ableiten, daß er sich bemühte, seine religiösen Pflichten gemäß der Tradition zu erfüllen: *„Denn durchaus offenkundig brachte er den Göttern Opfer dar, oftmals zu Hause, oftmals aber auch auf den öffentlichen Altären der Stadt, und ebenso machte er kein Hehl daraus, daß er sich mit der Vorzeichendeutung befaßte. Es wurde doch allgemein darüber gesprochen, daß Sokrates zu sagen pflegte, das göttliche Wesen (Daimonion) gebe ihm Zeichen; wohl vor allem deshalb haben sie ihm, wie ich glaube, vorgeworfen, er führe neuartige göttliche Wesen ein"* (Memorabilien, I, 1,2). In der *Apologie* desselben Xenophon verteidigt sich Sokrates gegen die Anschuldigung des Meletos, indem er sich auf seine Frömmigkeit beruft: *„In Wahrheit, ihr Richter, staune ich zunächst über die Begründung, die Meletos für seine Anklage liefert, daß ich nicht die gleichen Götter wie die Stadt verehre, während alle diejenigen, die sich in meiner Nähe aufgehalten haben, auch Meletos, wenn er nur gewollt hätte, gesehen haben, wie ich anläßlich gemeinschaftlicher Feste und auf öffentlichen Altären Opfer darbrachte. Warum also sollte ich neue Götter einführen, indem ich sage, daß sich mir die Stimme eines Gottes offenbart, um mir zu zeigen, was ich tun soll. Denn jene, die aus dem Gezwitscher der Vögel und den Worten der Menschen Vorzeichen ableiten wollen, gründen doch offenbar auch ihre Vermutungen auf Stimmen. Läßt sich etwa bestreiten, daß der Donner eine Stimme hat und ein Vorzeichen von größter Bedeutung ist? Und die Priesterin von Pytho auf ihrem Dreifuß? Ist es nicht ihre Stimme, durch die sich der Wille Gottes kundtut? Gott kennt ganz gewiß die Zukunft und offenbart sie, wem er will; auch in diesem Punkt denkt und redet jeder so wie ich. Nur, daß man diese Offenbarungen Orakel, Vorzeichen oder Wahrsagungen nennt, während ich sie als göttliche Zeichen be-*

trachte und glaube, ihnen mit dieser Bezeichnung einen angemesseneren und pietätvolleren Ausdruck zu geben als jene, die den Vögeln die Macht von Göttern zusprechen ..." (*Apologie*, XI–13). Trotz der Flachheit der von Xenophon angeführten Äußerungen findet man gleichwohl die Referenz auf Zeus und Apollon, aber auch jene abstrakte Konzeption einer Gottheit, die Sokrates zweifellos teilte.

Aber man sieht auch sehr wohl, daß diese Äußerungen in einem Klima des Verdachts, das zu jener Zeit in Athen gegenüber jeder Form eines Denkens herrschte, das auch nur ein wenig von den Normen abwich, dem Anklagepunkt, der auf Gottlosigkeit hinauslief, durchaus Nahrung geben konnte. Anytos und seine Komplizen wußten, daß sie den Beifall der Richter finden würden, wenn sie eine derartige Anklage in den Vordergrund stellten. Kommen wir nun also zum Prozeß.

Der Prozeß

Nach Xenophon, der die Äußerungen des Hermogenes, einem der treuesten Freunde des Sokrates, wiedergibt, habe der Philosoph seine Verteidigung nicht vorbereitet, weil er glaubte, daß sein Leben, das er ganz *„der Unterscheidung zwischen dem, was gerecht und ungerecht ist"*, gewidmet hatte, für ihn die beste Verteidigung darstellen würde. Trotzdem haben es Platon und Xenophon für notwendig erachtet, etwas aufzusetzen, was einer Verteidigung des Sokrates vor seinen Richtern gleicht. Hat er wirklich die Rede gehalten, die sie ihm zuschreiben? Wir werden es nie wissen. Xenophon, der zu jener Zeit nicht in Athen war, berichtet das, was ihm Hermogenes, der am Prozeß teilnahm, erzählt hatte. Platon selbst mußte wohl anwesend gewesen sein, denn in seiner *Apologie* führt er all jene an, die gekommen waren, um Sokrates zu unterstützen, Schüler, die zumeist von ihrem Vater oder einem älteren Bruder begleitet wurden, was Sokrates als Argument gegen seine Ankläger geltend machte: „*Allein hiervon werdet ihr ganz das Gegenteil finden, ihr Männer, alle willig, mir beizustehen, mir, dem Verderber, dem Unheilstifter ihrer Verwandten, wie Meletos und Anytos sagen. Denn die Verführten selbst könnten vielleicht Grund haben, mir beizustehen; aber die unverderbten, schon reiferen Männer, die ihnen verwandt sind, welchen anderen Grund hätten diese, mir beizustehen, als den gerechten und billigen, daß sie wissen, Meletos lügt, ich aber rede die Wahrheit?*" (*Apologie*, 34a–b). Die Anwesenheit dieser zahlreichen Freunde spricht zugunsten des Sokrates, zwar vielleicht nicht schon für die Echtheit der ihm von Platon in den Mund gelegten Rede, so doch zumindest für deren Wahrscheinlichkeit. Und wenn sich auch, wie man es häufig herauszustellen beliebt, die *Apologie* des Platon durch ihre Reichhaltigkeit und das Niveau ihrer Gedanken von der des Xenophon unterscheidet, gibt es doch zahlreiche Übereinstimmungen, die uns auch wiederum dazu bringen, das Wesentliche zu erfassen.

Nachdem Sokrates den Ausführungen des Meletos zugehört hatte, in denen dieser die Hauptanklagepunkte darlegte, ergriff er das Wort. Will man Diogenes Laertius glauben, so hatte es Sokrates verweigert, seine Verteidigung durch einen der angesehensten Redner der Epoche vorbereiten zu lassen, durch den Metöken Lysias, der zusammen mit seinem Bruder Polemarchos und seinem Vater Kephalos zu denjenigen zählte, mit denen Sokrates sich gerne unterhielt. Kephalos war tot, und Polemarchos war von den Dreißig umgebracht worden. Doch Lysias, der durch letztere bei der Wiederherstellung der Demokratie unterstützt worden war, als er sich den ins Exil gegangenen Demokraten anschloß, war eine einflußreiche Persönlichkeit, denn er hatte sich, obgleich er nicht in die Bürgerschaft aufgenommen wurde, wie es ihm vielleicht Thrasybulos versprochen hatte, die Freundschaft der maßgeblichen Führer der Stadt bewahrt, Freundschaften, die durchaus wertvoll hätten sein können. Aber Sokrates wollte auf keines der herkömmlichen Mittel zurückgreifen, durch die ein Angeklagter das Wohlwollen der Richter zu gewinnen suchte. Wie wir gesehen haben, war er der Meinung, daß sein Leben für sich selber spreche und daß, wenn es ihm nicht gelingen sollte, die Richter zu überzeugen, das Unrecht auf deren Seite war, wogegen dann auch die schönste Rede nichts ausrichten konnte. Er schickte sich also an, die Anklagen seiner Widersacher zurückzuweisen, indem er ganz einfach erklärte, wie er zu der Rolle eines Ausfragers kam, die man ihm zum Vorwurf machte. Man weiß nicht, ob er mit Meletos tatsächlich den Dialog führte, den die *Apologie* des Platon wiedergibt. Zumindest befragte er ihn, wie es häufig üblich war, über diesen wesentlichen Punkt der Anklage, der seinen vermeintlichen Atheimus betraf, und ebenso über die Konfusion darüber, die bereits weit zurückreichte, nämlich in eine Zeit, in der die Richter noch Kinder waren, ob er nun derjenige sei, der er wirklich ist, oder ob er jener sophistische Sokrates sei, den *„ein gewisser Komödiendichter"* gerne zeichnete, den Sokrates nicht beim Namen nennt, aber in dem die Richter nur den Aristophanes wiedererkennen konnten. In seinem Plädoyer versuchte Sokrates nicht, seine Richter milde zu stimmen oder sich zu rechtfertigen. Ja mehr noch, die Möglichkeit vor Augen, daß ihn die Richter freisprechen werden, wenn er darauf verzichten würde, die Leute mit Fragen zu belästigen und zu philosophieren, antwortete er ihnen: *„Ich bin euch, ihr Athener, zwar zugetan*

119

und *freund, gehorchen aber werde ich dem Gotte mehr als euch, und solange ich noch atme und es vermag, werde ich nicht aufhören, nach Weisheit zu suchen und euch zu ermahnen und zu beweisen, wen von euch ich antreffe, mit meinen gewohnten Reden"* (Apologie, 29d). Und, etwas weiter, wendet er sich an alle anwesenden Athener: *„Demgemäß nun, würde ich sagen, ihr Athenischen Männer, gehorcht nun dem Anytos oder nicht, sprecht mich los oder nicht, aber seid gewiß, daß ich auf keinen Fall anders handeln werde, und müßte ich noch so oft sterben"* (ebd. 30b).

Indem sie Sokrates zum Tode verurteilen, fügen sich die Athener in Wirklichkeit selbst einen Schlag zu, denn sie werden sich genau desjenigen entledigen, der sie auf den Weg der Gerechtigkeit führen konnte. Es ist daher unnötig, auf die Mittel zu rekurrieren, durch welche die Angeklagten versuchen, das Wohlwollen der Richter zu gewinnen: weinen, die eigenen Kinder und Enkelkinder vor Gericht erscheinen zu lassen, um sie milde zu stimmen. *„Was rühmlich ist für mich"*, sagt Sokrates, *„und euch und für die ganze Stadt, dünkt es mich anständig, daß ich nichts dergleichen tue, zumal in solchem Alter und im Besitz dieses Rufes"* (ebd. 34e). Durchaus nicht nur aus Trotz handelt Sokrates so, sondern auch, weil ihm das Gericht über solch erbärmliche Szenen erhaben scheint: *„Denn nicht dazu ist der Richter gesetzt, das Recht zu verschenken, sondern es zu beurteilen; und er hat geschworen, nicht sich gefällig zu erweisen gegen wen es ihm beliebt, sondern Recht zu sprechen nach den Gesetzen (…) Denn offenbar, wenn ich euch durch Bitten zu etwas überredete oder nötigte gegen euren Schwur, dann lehrte ich euch, nicht zu glauben, daß es Götter gebe, und recht durch die Verteidigung klagte ich mich selbst an, daß ich an keine Götter glaubte. Aber weit gefehlt, daß es so wäre! Denn ich glaube an* *sie, ihr Athener, wie keiner von meinen Anklägern, und überlasse es euch und dem Gott, über mich zu entscheiden, wie es für mich das beste sein wird und für euch"* (ebd. 35c–d).

Nachdem Sokrates sein Plädoyer beendet hatte, scheinen Anytos und Lykon aufgetreten zu sein, um Meletos beizustehen, dessen Argumente durch Sokrates mit einer Klarheit widerlegt worden waren, die dazu führen konnte, die Richter zu verunsichern und sie zu einem Freispruch zu bewegen. Im zweiten Teil der *Apologie* des Platon macht Sokrates geltend, daß es Meletos ohne diese doppelte Intervention nicht gelungen wäre, auch nur ein Fünftel der Stimmen für sich zu gewinnen, und er zu einer Strafe von tausend Drachmen verurteilt worden wäre, die dem Ankläger auferlegt wurde, wenn es ihm nicht gelungen war, die Richter zu überzeugen. Dann schritt man zur Abstimmung. Das Gericht zählte 501 Richter, 280 votierten für die Verurteilung, 221 für Freispruch. Wir haben gesehen, daß Ankläger und Angeklagter nun noch einmal das Wort ergreifen konnten, um eine Strafe vorzuschlagen. Meletos forderte den Tod. Sokrates, aufgefordert seinerseits zu sprechen, zeigte sich zunächst einmal erstaunt, so viele Stimmen auf sich vereinigt zu haben. Schon eine leichte Verschiebung von dreißig Stimmen hätte genügt, um ihn freizusprechen. Er fühlte sich infolgedessen bestärkt in der Richtigkeit des Lebens, das er zu führen gewählt hatte. Da man ihn nun einmal aufgefordert hatte, seine Strafe zu bestimmen, empfand er es darum nicht mehr als gerecht, im Prytaneion verköstigt zu werden, die höchste Auszeichnung, die den olympischen Siegern und all denen zuteil wurde, die sich Verdienste um die Stadt erworben hatten. Auch das wiederum war keine Prahlerei seinerseits. Da er sich nicht für schuldig hielt, war es sinnlos, eine Strafe festzulegen. Vom Tod hatte er schon in seinem Plädoyer gesagt, daß er ihn nicht fürchte, denn man könne nicht fürchten, was man nicht kennt. Was die anderen Strafen betrifft, so könnten diese ihm nur Übel einbringen: *„An- statt dessen also sollte ich von den Dingen eines wählen und mir zuerkennen, von welchen ich gar wohl weiß, daß sie Übel sind? Etwa Gefängnisstrafe? Und wozu sollte ich doch leben im Kerker, unter dem Befehl der je- desmaligen Obrigkeit? Oder Geldstrafe und gefangen zu sein, bis ich sie entrichtet habe? Das wäre aber für mich ganz dasselbe wie das vorige. Denn ich habe kein Geld, wovon ich sie entrichten könnte. Aber die Verweisung soll ich mir wohl zuerkennen? Die möchtet ihr mir viel- leicht wohl zugestehen. Aber von großer Lebenslust müßte ich wohl besessen sein, ihr Athener, wenn ich so unvernünftig wäre, daß ich nicht berechnen könnte: da ihr, meine Mitbürger, nicht imstande gewesen seid, meine Lebensweise und meine Reden zu ertragen, son- dern sie euch zu beschwerlich und verhaßt geworden sind, so daß ihr euch nun davon loszumachen sucht, ob also wohl andere sie leichter ertragen werden? Weit ge- fehlt, ihr Athener! Ein schönes Leben wäre mir das also, in solchem Alter auszuwandern und, immer um- hergetrieben, eine Stadt mit der andern zu vertauschen"* (*Apologie*, 37c–d).

Es scheint, daß sich Sokrates gleichwohl am Schluß seiner Rede denjenigen seiner Freunde beugte, unter ih- nen Platon, die vorschlugen, ihm Geld zu leihen, sollte das Gericht übereinkommen, ihm eine Geldstrafe zu verhängen. Doch die Richter ließen sich nicht darauf ein und folgten der Meinung des Meletos, der die Todes- strafe forderte.

In der *Apologie* des Platon ergreift Sokrates, nachdem er das Urteil der Richter vernommen hatte, noch einmal das Wort, um sich nacheinander denen zuzuwenden, die ihn verurteilt, und dann jenen, die ihn freigesprochen hatten. Gegenüber den ersteren bekräftigt er, daß er recht daran getan habe, sie nicht mit den herkömmlichen Mitteln für sich zu vereinnahmen: *„Allein weder vorher glaubte ich der Gefahr wegen irgend etwas Unedles tun zu dürfen, noch auch gereut es mich jetzt, mich so verteidigt zu haben; sondern weit lieber will ich auf diese Art mich verteidigt haben und sterben, als auf jene und leben"* (ebd. 38e). Des weiteren sagt er ihnen voraus, daß sein Tod nicht das Ende ihrer Ängste bedeuten wird, denn andere werden kommen und seine Arbeit weiterführen. Den anderen macht er deutlich, daß das ihm bevorstehende Schicksal nichts Furchterregendes hat. Um so mehr als es Ausdruck des göttlichen Willens ist, denn zum ersten Mal an diesem Tag habe sich die Stimme seines *Daimonions* nicht vernehmen lassen: *„Dennoch aber hat mir weder, als ich des Morgens von Hause ging, das Zeichen des Gottes widerstanden, noch auch als ich hier die Gerichtsstätte betrat, noch auch irgendwo in der Rede, wenn ich etwas sagen wollte (...) Es mag wohl, was mir begegnet ist, etwas Gutes sein, und unmöglich können wir recht haben, die wir annehmen, der Tod sei ein Übel"* (ebd. 40b).

Von diesem Tag an, nachdem er das Urteil der Richter vernommen hatte, gab Sokrates sich der Meditation über den Tod hin.

Der Tod des Sokrates

Das Gerichtsurteil sollte nicht sofort vollstreckt werden. Denn es war verboten, die zur Todesstrafe Verurteilten während des Zeitraums hinzurichten, in dem die Triere von Salamis eine große Anzahl Pilger nach Delos brachte, die heilige Gesandtschaft, die sich alljährlich dorthin begab, um die Erinnerung an den Kampf zwischen Theseus und dem Minotauros feierlich zu begehen. „*Dies ist das Schiff, wie die Athener sagen, worin einst Theseus fuhr, um jene ‚zweimal sieben' [die der Minotauros forderte] nach Kreta zu bringen, die er rettete und sich selbst auch. Damals hatten sie dem Apollon gelobt, wie man sagt, wenn sie gerettet würden, ihm jedes Jahr einen Festzug nach Delos zu senden, welchen sie nun seitdem immer und auch jetzt noch jährlich an den Gott senden. Sobald nun dieser Festzug angefangen hat, ist es Gesetz, während dieser Zeit die Stadt rein zu halten und von Staats wegen niemanden zu töten, bis das Schiff in Delos angekommen ist und auch wieder zurück. Und dies währt bisweilen lange, wenn widrige Winde einfallen. Des Festzuges Anfang ist aber, wenn der Priester des Apollon das Vorderteil des Schiffes bekränzt; und dies, wie ich sage, war eben den Tag vor dem Gerichtstage geschehen: Daher hatte Sokrates soviel Zeit in dem Gefängnis zwischen dem Urteil und dem Tode*" (Phaidon, 58b–c).

Es verging in der Tat ein Monat, währenddessen sich Sokrates fast täglich mit seinen Freunden unterhielt, die kamen, um ihn im Gefängnis zu besuchen. Wir werden niemals wissen, was der genaue Wortlaut dieser Gespräche war, aber zwei Dialoge des Platon, *Kriton* und *Phaidon*, spielen sich im Gefängnis ab und verstehen sich als getreue Wiedergabe dieser letzten Unterredungen. Der erste handelt von der Möglichkeit zur Flucht, die Sokrates von seinem reichen Freund Kriton angeboten wurde, und der Weigerung des Philosophen; im zweiten geht es um das Problem von Tod und Unsterblichkeit der Seele, wenn diese aus dem Gefängnis des Körpers entweicht. Platon gesteht, krank gewesen zu sein, weshalb er in den letzten Stunden im Leben seines Meister nicht zugegen sein konnte (*Phaidon*, 59b). Aber er konnte bei anderen Gesprächen anwesend sein und daher den allgemeinen Wortlaut der ausgetauschten Reden wiedergeben. Als es darum ging, Sokrates' Haltung gegenüber der athenischen Demokratie zu bestimmen, hatten wir bereits die Gelegenheit, den ersten dieser Dialoge zu analysieren und die Gründe zu beleuchten, warum es Sokrates für seiner unwürdig hielt, das Exil oder die Flucht zu wählen: Denn dies hieße zum einen, das Scheitern seiner Mission anzuerkennen, zu der er sich durch die Gottheit berufen fühlte, und zum anderen wäre es unehrenhaft, sich zu weigern, sich den Gesetzen derjenigen Stadt zu unterwerfen, in der zu leben er sich selbst ausgesucht hatte. Der zweite Dialog, der die letzten Momente im Leben des Sokrates in Szene setzt, ist eine Reflexion über das Verhältnis von Seele und Körper. Man wird ihn mit den anderen Äußerungen über den Tod in Zusammenhang bringen müssen, die Platon und Xenophon dem Sokrates in den Mund legen. Aber um die Originalität des Philosophen über diesen Punkt besser abschätzen zu können, müssen wir uns zunächst ins Gedächtnis rufen, wie die Griechen über den Tod dachten.

Der Tod und die Toten in den religiösen Praktiken der Griechen

„Jede Gesellschaft muß dieser radikalen Andersheit die Stirn bieten, dieser extremen Abwesenheit der Form, diesem eigentlichen Nicht-sein, welches das Phänomen des Todes bedeutet." Mit diesen Begriffen stellt sich J.-P. Vernant in seiner Einführung zu einer vergleichenden Studie über die Ideengeschichte der Totenkulte in früheren Gesellschaften dem Problem, dem auch wir uns zunächst zuwenden müssen. In den griechischen Gesellschaften sind die Toten Gegenstand der Verehrung, und man betreibt einen Kult um die toten Helden. In den homerischen Heldensagen erlangt der Krieger durch den Tod im Kampf das *kleos,* d. h. den unsterblichen Ruhm, der von den Sängern besungen wird, und der *„schöne heroische Tod"* ist ein Thema, das man in der Grabrede wiederfindet, die jedes Jahr auf dem Friedhof von Cheramik von einem durch das Volk bestimmten Redner gehalten wurde zum Gedenken an alle in der Schlacht gefallenen Bürger des demokratischen Athen. Einen Toten nicht gemäß der Riten zu bestatten bedeutete, ihn zu beleidigen, und man weiß, daß dieses Thema das Herzstück in der Tragödie der Antigone ausmacht. Die Feier für die Toten, ihre Einschreibung in das kollektive Gedächtnis durch rituellen Gesang oder durch ein Grabmal, machte aus dem Tod ein Ereignis des sozialen Lebens.

Doch im Widerspruch zu dieser Vorstellung des Todes, wie sie sich in den Totenritualen manifestierte, steht die Angst, die dieses Anderswo, welches man sich nicht vorstellen kann, im Herzen der Menschen auslöste. Dieselben Heldensagen, welche den *„schönen Tod"* des Kriegers besangen, wußten auch diese Angst auszudrücken. In der *Odyssee* begibt sich Odysseus auf den Rat der Zauberin Kirke hin an die Grenzen jenes Landes, über das Hades und seine Frau Persephone regieren, um dort die Seele des Sehers Teiresias zu befragen. Dieses Land ist dem der Kimmerier benachbart, das *„unter einem Nebelschleier liegt; niemals läßt die Sonne über ihm ihr Licht aufgehen (...), eine unheilbringende Nacht breitet sich über diesen Unglücklichen aus."* Odysseus bringt zunächst an dem Ufer, wo sein Schiff gestrandet ist, ein Opfer dar. Er schlachtet über einem Erdloch eine junge Kuh und einen Widder: *„Dunkel dampfend rann da ihr Blut. Aus der Düsternis indessen kamen in Scharen die Seelen der lang schon gestorbenen Toten. Bräute kamen und Jünglinge, Greise, die vieles erduldet, Mädchen in fröhlichem Alter mit frischem Leid im Gemüte, viele auch, die es getroffen in Kämpfen der ehernen Speere, Männer, die fielen im Krieg und blutige Rüstungen trugen. Zahllose drängten von sämtlichen Seiten heran an die Grube, lärmten als sprächen Verzückte; mich packte das bleiche Entsetzen"* (Odyssee, XI, 36–44). Die Seele des Teiresias, die am Rande des Erdlochs erscheint, wundert sich, warum Odysseus das Licht der Sonne verläßt, um *„dieses Reich, das ohne jede Freundlichkeit ist"*, zu sehen. Die Mutter des Odysseus, die aus Kummer darüber gestorben ist, daß sie ihren Sohn nicht mehr heimkehren sah, ruft in ihm den traurigen Zustand des sterblichen Menschen wach, der sieht, wie sich der eigene Körper auflöst.

Das Reich des Hades ist also ein dunkles Reich, und der Tod ist das unabwendbare Schicksal des Menschen. *„Sage mir ja kein verschönendes Wort für den Tod, mein Odysseus!"*, spricht die Seele des Achilleus, *„lieber wäre ich Knecht auf den Feldern und fronte dort einem anderen Mann ohne Land und mit wenig Vermögen; lieber tät' ichs als herrschen bei allen verstorbenen Toten"* (Odyssee, XI, 487–491).

Einige religiöse Sekten hingegen, die wir nur unzureichend kennen, weil es, vor allem für die sehr frühe Zeit, kaum Dokumente gibt, hatten eine Vorstellung von der Seele entwickelt, die anders war als das, was sich in der homerischen *psyche* als ein flüchtiger Schatten darstellte. Bei den Orphikern und den Schülern des Pythagoras, die nicht immer klar unterschieden werden, verband sich die Idee einer vom Körper unabhängigen Seele, die durch den Tod befreit wurde, mit dem Begriff einer Stätte der Glückseligen. Die Seele der Gerechten sollte am Ende einer mehr oder weniger langen Irrfahrt dorthin gelangen, was zugleich implizierte, daß die Seele der Toten einem Urteilsspruch unterworfen wurde. Um sich auf dieses Urteil vorzubereiten, hatten diese Sekten eine mehr oder weniger asketische Lebensethik ausgearbeitet, und ebenso wurden Initiationspraktiken in Gestalt von Mysterienreligionen entwickelt. Platon ist unbestreitbar unter den Einfluß der orphischen Geheimsekte geraten, und dies zeigt sich besonders in der Darstellung der Natur der Seele, wie sie Sokrates im *Phaidon* beschreibt. Aber der Sokrates des *Phaidon* ist das Sprachrohr des Platon, und um zu versuchen, das zu beschreiben, was der Philosoph kurz vor seinem Tode dachte, muß man noch einmal auf Xenophon und die frühen Dialoge des Platon zurückkommen, in erster Linie also auf die beiden *Apologien*.

Sokrates und das Problem des Todes

Bezogen auf den Tod im allgemeinen und auf den eigenen Tod im besonderen wird man sich nicht wundern, bei dem Sokrates des Xenophon jenen gesunden Menschenverstand zu finden, den der athenische Historiker gern seinem Lehrmeister zuschreibt. Zu seinen Freunden, die soeben das Urteil der Richter vernommen hatten und in Tränen aufgelöst waren, soll Sokrates gesagt haben: „*Was soll das? Warum weint ihr gerade jetzt? Wißt ihr nicht schon seit langem, ja seit meiner Geburt, daß ich von der Natur zum Tode verurteilt bin? Wenn ich dennoch vorzeitig sterben sollte, und dies in einem Übermaß der Freuden, dann hätte ich gewiß Grund, betrübt zu sein, und meine Freunde auch; aber wenn ich nun mein Leben beende, von dem ich nur noch Übel zu erwarten habe, so dürft ihr euch alle getrost darüber freuen, wie über ein Glück, das mir beschieden ist*" (Xenophon, *Apologie*, 27). Xenophon kommt darauf ausführlicher in seinen *Memorabilien* zurück, in denen er Sokrates, der an der Schwelle des hohen Alters stand, Äußerungen in den Mund legt, welche nicht allein durch Mut, sondern ebensosehr durch Realitätssinn geprägt waren und durch die er seine Freunde zu beruhigen vermochte: „*Wenn ich aber noch längere Zeit leben würde, so wird es vielleicht unvermeidlich sein, daß ich dem Alter meinen Tribut zolle und schlechter sehe und höre, daß meine Verstandeskräfte nachlassen, daß meine Aufnahmefähigkeit geringer und mein Gedächtnis schwächer wird und daß ich hinter denen zurückbleibe, denen ich früher voraus war. Wenn ich dies allerdings nicht merken würde, so wäre wohl das Leben nicht mehr lebenswert für mich; wenn ich es aber merken würde, wie sollte ich dann nicht zwangsläufig schlechter und freudloser leben?*" (*Memorabilien*, IV, 8,8). Es gibt gewisse moderne Autoren, die meinen, daß diese Äußerungen des Philosophen Sokrates unwürdig seien. Aber sein außergewöhnlicher Einfluß rührte ja gerade daher, daß er die Sprache aller gesprochen hatte und Reden hielt, die jeder verstehen konnte. Und mehr Wert zu legen auf seine eigene körperliche Unversehrtheit und intellektuelle Redlichkeit als auf das Leben, ist vielleicht ein Zeichen von Stolz, auf jeden Fall aber von Größe.

Man wird sich indessen nicht darüber wundern, daß sich in der *Apologie* des Platon die Frage auf eine etwas andere Weise stellt. Auch hier sagt Sokrates, daß er den Tod nicht fürchte und sich daher all dem verweigern werde, was die Richter milde stimmen könnte oder ihm erlauben würde, dem Gerichtsurteil durch Flucht oder Bestechung zu entkommen. Doch die Argumente, die er vor seinen Richtern anführt, sind ganz anderer Natur, da sie aus jenem Gesetz hervorgehen, das er sich selbst immer auferlegt hatte, nämlich sich davor zu hüten, zu glauben, er wisse, was er nicht wisse: *„Denn den Tod fürchten, ihr Männer, das ist nichts anderes als sich dünken, man wäre weise, und es doch nicht sein. Denn es ist ein Dünkel, etwas zu wissen, was man nicht weiß. Denn niemand weiß, was der Tod ist, nicht einmal, ob er nicht für den Menschen das größte ist unter allen Gütern. Sie fürchten ihn aber, als wüßten sie gewiß, daß er das größte Übel ist. Und wie wäre dies nicht eben derselbe verrufene Unverstand, die Einbildung, etwas zu wissen, was man nicht weiß. Ich nun, ihr Athener, übertreffe vielleicht um dasselbe auch hierin die meisten Menschen. Und wollte ich behaupten, daß ich um irgend etwas weiser wäre: so wäre es um dieses, daß, da ich nichts ordentlich weiß von den Dingen in der Unterwelt, ich es auch nicht glaube zu wissen"* (Apologie, 29a–b). Nach der Urteilsverkündigung ergreift Sokrates erneut das Wort und präzisiert auf eine vom eben Gesagten etwas abweichende Weise das, was er über den Tod denkt, wobei er sich an seine Freunde wendet. Wenn das, was ihm widerfährt, wirklich ein Übel wäre, so hätte ihn die göttliche Stimme, die ihn immer geführt habe, gewarnt. Aber an diesem Tag ist sie stumm geblieben. So ist der Tod also weit davon entfernt, ein Übel zu sein, sondern vielmehr etwas Gutes: *„Laßt uns aber auch so erwägen, wieviel Ursache wir haben, zu hoffen,* *es sei etwas Gutes. Denn eins von beiden ist das Tot-sein, entweder soviel als nichts sein noch irgendeine Empfindung von irgend etwas haben, wenn man tot ist; oder, wie auch gesagt wird, es ist eine Versetzung und ein Umzug der Seele von hinnen an einen anderen Ort. Und ist es nun gar keine Empfindung, sondern wie ein Schlaf, in welchem der Schlafende auch nicht ein-mal einen Traum hat, so wäre der Tod ein wunderbarer Gewinn. Denn ich glaube, wenn jemand einer solchen Nacht, in welcher er so fest geschlafen, daß er nicht ein-mal einen Traum gehabt, alle übrigen Tage und Nächte seines Lebens gegenüberstellen und nach reiflicher Überlegung sagen sollte, wieviel angenehmere und bes-sere Tage und Nächte als jene Nacht er wohl in seinem Leben gelebt hat: so, glaube ich, würde nicht nur ein ge-wöhnlicher Mensch, sondern der Großkönig selbst fin-den, daß diese sehr leicht zu zählen sind gegen die übri-gen Tage und Nächte. Wenn also der Tod etwas solches ist, so nenne ich ihn einen Gewinn, denn die ganze Zeit scheint ja auch nicht länger auf diese Art als eine Nacht. Ist aber der Tod wiederum wie eine Auswande-rung von hinnen an einen anderen Ort und ist das wahr, was gesagt wird, daß dort alle Verstorbenen sind, was für ein größeres Gut könnte es wohl geben als dieses, ihr Richter? Denn wenn einer, in der Unterwelt ange-langt, nun dieser sich so nennenden Richter entledigt, dort die wahren Richter antrifft, von denen auch gesagt wird, daß sie dort Recht sprechen, den Minos und Rha-damanthys und Aiakos und Triptolemos, und welche Halbgötter sonst gerecht gewesen sind in ihrem Leben, wäre das wohl ein schlechterer Ort als der, an dem wir jetzt sind? Oder auch mit dem Orpheus umzugehen und Musaios und Hesiodos und Homeros, wie teuer möchtet ihr das wohl erkaufen? Ich wenigstens will gern oftmals sterben, wenn dies wahr ist. Ja, mir zumal*

wäre es ein herrliches Leben, wenn ich dort den Pala-
medes und Aias, des Telemon Sohn, anträfe und wer
sonst noch unter den Alten eines ungerechten Gerichtes
wegen gestorben ist, und mit dessen Geschick das mei-
nige zu vergleichen, das müßte, glaube ich, gar nicht
unerfreulich sein. Ja was das Größte ist, die dort ebenso
wie die Menschen hier auf Erden auszufragen und aus-
zuforschen, um zu sehen, wer unter ihnen weise ist und
wer es zwar glaubt, es aber nicht ist. Für wieviel, ihr
Richter, möchte das einer wohl annehmen, den, wel-
cher das große Heer nach Troja führte, auszufragen,
oder den Odysseus oder Sisyphos, und viele andere
könnte einer nennen, Männer und Frauen: mit welchen
dort zu sprechen und umzugehen und sie auszuforschen
auf alle Weise eine unbeschreibliche Glückseligkeit
wäre. Gewiß werden sie einen dort um deswillen doch
wohl nicht hinrichten" (*Apologie*, 40c–41c).

Dieser letzte Geistesblitz ist zweifellos entlarvend.
Sokrates kannte sehr wohl die Spekulationen, die gewisse Leute über die Seelenwanderung anstellen, und er
kannte auch den Glauben an ein Land der Toten, in dem
sich alle Verstorbenen wiederfinden würden, nachdem
sie an den Richtern vorbeigezogen sind. Aber wenn er
wirklich die Rede gehalten hat, die Platon ihm zuschreibt, dann ist man sehr versucht zu glauben, der
Tod sei für ihn ein ewiger Schlaf, also eine Ruhe, die für
einen alten und müden Mann durchaus als etwas Gutes
erscheinen konnte.

Offensichtlich haben wir es im *Phaidon*, dem Dialog,
der sich angeblich genau am Tag von Sokrates' Tod ab-
spielt, mit einer ganz anderen Auffassung über den Tod
zu tun. Diese letztere versteht ihn in der Tat nicht mehr
nur als einen ewigen Schlaf und auch nicht als einen
Übergang von einer Welt in eine andere, sondern als
eine Befreiung, d. h. als den Moment, der die Seele dem

Gefängnis des Körpers entreißt: *„Und [ist der Tod] wohl etwas anderes als die Trennung der Seele von dem Leibe? Und daß das heiße tot sein, wenn abgesondert von der Seele der Leib für sich allein ist und auch die Seele abgesondert von dem Leibe für sich allein ist? Oder sollte wohl der Tod etwas anderes sein als dieses?"* (*Phaidon*, 64c). *„Also"*, fährt Sokrates etwas weiter fort, *„zeigt sich der Philosoph als seine Seele von der Gemeinschaft mit dem Leibe ablösend"* (ebd. 65a). Wie sollte er daher den Tod also nicht als ein Glück empfangen, ist er doch *„gleichsam ein Fußsteig, der uns hinausträgt, weil, solange wir noch den Leib haben neben der Vernunft bei dem Erforschen und unsere Seele mit diesem Übel im Gemenge ist, wir nie befriedigend erreichen können, wonach uns verlangt"* (ebd. 66c). Der Tod ist also eine Befreiung, die die Seele von diesem vergänglichen Körper loslöst, eine Seele, die selbst unsterblich ist. Es geht Sokrates im zweiten Teil des Dialogs, nachdem er uns seine Theorie der Wiedererinnerung ins Gedächtnis gerufen hat, darum, die Unsterblichkeit der Seele zu beweisen. Die Seele gleicht in der Tat dem, was *„dem Göttlichen, Unsterblichen, Vernünftigen, Eingestaltigen, Unauflöslichen und immer einerlei und sich selbst gleich sich Verhaltenden am ähnlichsten ist"*, während im Gegensatz dazu der Körper *„dem Menschlichen aber und Sterblichen und Unvernünftigen und Vielgestaltigen und Auflöslichen und nie einerlei und sich selbst gleich Bleibenden am ähnlichsten ist"* (ebd. 80a–b). Weil die Seele unsterblich und unvergänglich ist, *„so stirbt, wie es scheint, das Sterbliche an ihm, das Unsterbliche aber und Unvergängliche zieht wohlbehalten ab, dem Tode aus dem Wege"* (ebd. 106e). Dies gilt zumindest für die Seele der Weisen, d. h. für jene, die ein reines Leben geführt haben und denen der Zugang zur höchsten Welt offen sein wird. Nun, Sokrates glaubt, ein solches Leben geführt zu haben. Daher hat er auch nichts zu befürchten, im Gegenteil, er muß mit Ungeduld den Augenblick erwarten, in dem er in den *„Glückszustand der Seligen"* eintreten wird, und seine Freunde, die sich bei ihm aufhalten, sollten weniger betrübt sein, sondern sich vielmehr glücklich schätzen und daran denken, daß der Körper, den sie bestatten werden, nur eine seelenlose Hülle sein wird.

Hat Sokrates sich, wie Platon sagt, am Tage seines Todes tatsächlich der gelehrten Beweisführung hingegeben, in der die Themen angesprochen werden, die er anderswo, vor allem in der *Politeia*, entwickelt hat? Man kann daran zweifeln. Aber daß er dem Tod mutig entgegengegangen ist, wie uns dies die Tradition überliefert, weil er überzeugt war, daß dieser nur ein langer Schlaf ist und er ihn, am Ende seines Lebens angelangt, nicht zu fürchten hatte, dies muß man glauben. Denn selbst wenn der *Phaidon* als einer der abstraktesten und im eigentlichen Sinne philosophischsten Dialoge des Platon gelten kann, so ist er doch auch, vor allem zu Beginn und insbesondere an seinem Ende, einer der lebendigsten, den der Philosoph dem Gedächtnis seines Lehrmeisters gewidmet hat.

Der Tod des Sokrates

Einen langen Monat der Gefangenschaft verbrachte Sokrates unter Aufsicht der „Elfmänner", die für die Haft der zum Tode Verurteilten zuständig waren. In dieser Zeit wurde er täglich von seinen Schülern besucht. *„Wir pflegten nämlich auch schon die Tage vorher immer zum Sokrates zu gehen"*, sagt Phaidon zu Echekrates, der ihn über die letzten Stunden des Sokrates befragt, *„ich und die andern, und versammelten uns des*

Morgens im Gerichtshause, wo auch das Urteil gefällt worden war; denn dies ist nahe bei dem Gefängnis. Da warteten wir jedesmal, bis das Gefängnis geöffnet wurde, und unterredeten uns unterdessen. Denn es wurde nicht sehr früh geöffnet; sobald es aber offen war, gingen wir hinein zum Sokrates und brachten meist den Tag bei ihm zu" (*Phaidon*, 59d). Doch am Tage, nachdem sie von der Rückkehr des aus Delos kommenden Schiffes erfahren hatten, kamen die Schüler schon am Morgen zusammen, denn sie wußten, daß dieser Tag der letzte wäre, den sie bei ihrem Meister verbringen würden: *„Wir gaben uns also einander das Wort, auf das früheste an dem gewohnten Ort zusammenzukommen. Das taten wir auch, und der Türsteher, der uns aufzumachen pflegte, kam heraus und sagte, wir sollten warten und nicht eher kommen, bis er uns riefe. Denn, sprach er, die Elfmänner lösen jetzt den Sokrates von seinen Fesseln und kündigen ihm an, daß er heute sterben soll. Nach einer kleinen Weile kam er dann und hieß uns hineingehen*" (*ebd*. 59e). Unter den Anwesenden war Apollodoros, Kritobulos und sein Vater Kriton, der alte Freund, der am Abend zuvor vergeblich versucht hatte, Sokrates zur Flucht zu überreden, Hermogenes, der Bruder des reichen Kallias, Epigenes, den man in den *Memorabilien* als Gesprächspartner des Sokrates wiederfindet, Aischines, Antisthenes, den kommenden Begründer der kynischen Schule, Klesippos, der Paeanier, sein Cousin Menexenos und einige andere, die Platon nicht namentlich erwähnt. Er selbst war krank und daher nicht anwesend.

Sokrates schien ganz glücklich, endlich von den Eisen befreit zu sein, die ihn an den Füßen drückten. Bei ihm war seine Frau Xanthippe und ihr jüngster Sohn, der noch ein Kind war. Beim Anblick der Freunde des Sokrates fing Xanthippe *„nach Art der Frauen*" an zu weinen und zu schreien, und die Sklaven des Kriton brachten sie, auf ausdrücklichen Wunsch des Sokrates, nach Hause. Wie oben bereits gesehen, weiß man über das Privatleben des Sokrates nicht sehr viel. Er hat zwei Frauen gehabt und mindestens drei Kinder. Xanthippe muß wesentlich jünger gewesen sein als er, denn sie trug ein Kind auf ihren Armen, das noch ein Säugling war. Im *Symposion* des Xenophon sagt Antisthenes im Verlauf einer Diskussion über die Erziehung der Frauen, die den berühmten Dialog aus dem *Oikonomikos* ankündigt, von Xanthippe, daß sie das *„streitsüchtigste Geschöpf ist, das existiert, ja, das es je gab und je geben wird"*, und er wundert sich, wie Sokrates mit ihr zusammenleben konnte. Worauf dieser antwortet, daß er gerade deswegen, weil er dazu in der Lage war, sie zu ertragen, sich an alle andern menschlichen Wesen gewöhnen könne, wie auch immer ihr Charakter sein möge (*Symposion*, II,10). In den *Memorabilien* desselben Xenophon rät er seinem ältesten Sohn Lamprokles, seine Mutter zu ehren, trotz ihres bissigen Wesens, und er hält eine Apologie auf die Frau als Mutter, die innerhalb der griechischen Literatur ihresgleichen sucht (*Memorabilien*, II,2). Wie dem auch sei, als es daran ging, aus dem Leben zu scheiden, wollte Sokrates seine letzten Stunden lieber mit seinen Freunden als mit seiner Familie verbringen. Wie wir gesehen haben, hat er dabei nach Platon das Problem des Todes und der Unsterblichkeit der Seele erörtert. Dann kam der Augenblick, als es das tödliche Gift zu schlucken galt. Sokrates wollte zuvor noch ein Bad nehmen, daraufhin unterhielt er sich noch kurze Zeit mit seinen Söhnen und seinen Verwandten, denen er noch seine letzten Empfehlungen gab. Schließlich ging er wieder zu seinen Schülern, und in diesem Moment kam der Sklave, der den Befehl der „Elfmänner" überbrachte, daß er das Gift zu trinken habe. Kriton wollte unter dem Vorwand, daß die Sonne noch nicht untergegangen sei, diesen schicksalhaften Augenblick noch hinauszögern. Doch Sokrates wollte davon nichts hören: *„Denn ich meine nichts zu gewinnen, wenn ich um ein weniges später trinke, als nur, daß ich mir selbst lächerlich vorkommen würde, wenn ich am Leben klebte und sparen wollte, wo nichts mehr ist"* (Phaidon, 116e). Als sich der Sklave zeigte und den Becher brachte, fragte ihn Sokrates nur, was er zu tun hätte und wie das Gift wirken würde. Dann trank er den Becher mit aller Ruhe: *„Und von uns waren die meisten bis dahin ziemlich imstande gewesen sich zu halten, daß sie nicht weinten; als wir aber sahen, daß er trank und getrunken hatte, nicht mehr. Sondern auch mir selbst flossen Tränen mit Gewalt, und nicht tropfenweise, so daß ich mich verhüllen mußte und mich ausweinen, nicht über ihn jedoch, sondern über mein eigenes Schicksal, was für eines Freundes ich nun sollte beraubt werden. Kriton war noch eher als ich, weil er nicht vermochte die Tränen zurückzuhalten, aufgestanden. Apollodoros aber hatte schon früher nicht aufgehört zu weinen, und nun brach er völlig aus, weinend und unwillig sich gebärdend, und es war keiner, den er nicht durch sein Weinen erschüttert hätte, von allen Anwesenden als nur Sokrates selbst. Der aber sagte: Was macht ihr doch, ihr wunderbaren Leute! Ich habe vorzüglich deswegen die Weiber weggeschickt, daß sie dergleichen nicht begehen möchten; denn ich habe immer gehört, man müsse stille sein, wenn einer stirbt. Also haltet euch ruhig und wacker. Als wir das hörten, schämten wir uns und hielten inne mit Weinen. Er aber ging umher, und als er merkte, daß ihm die Schenkel schwer wurden, legte er sich gerade hin auf den Rücken, denn so hatte es ihm der Mensch geheißen. Darauf berührte ihn eben dieser, der ihm das Gift gegeben hatte, von*

Zeit zu Zeit und untersuchte seine Füße und Schenkel.
Dann drückte er ihm den Fuß stark und fragte, ob er es
fühle; er sagte nein. Und darauf die Knie, und so ging er
immer höher hinauf und zeigte uns, wie er erkaltete
und erstarrte. Darauf berührte er ihn noch einmal und
sagte, wenn ihm das bis ans Herz käme, dann würde er
hin sein. Als ihm nun schon der Unterleib fast ganz kalt
war, da enthüllte er sich, denn er lag verhüllt, und
sagte, und das waren seine letzten Worte: O Kriton, wir
sind dem Asklepios einen Hahn schuldig, entrichtet
ihm den, und versäumt es ja nicht. – Das soll gesche-
hen, sagte Kriton, sieh aber zu, ob du noch sonst etwas
zu sagen hast. Als Kriton dies fragte, antwortete er aber
nichts mehr, sondern bald darauf zuckte er, und der
Mensch deckte ihn auf; da waren seine Augen gebro-
chen. Als Kriton das sah, schloß er ihm Mund und Au-
gen" (ebd. 117c–118).

Dies war das Ende des Sokrates, ein Ende, das dank
seiner Schüler in das Gedächtnis der Menschen eingehen
sollte als ein Vorbild an Mut und Größe der Seele. Der
Historiker jedoch muß versuchen zu begreifen, was dieser Tod für Athen bedeutete, und auch, weshalb er im
Verlauf der menschlichen Geistesgeschichte eine solche
Bedeutung gewinnen konnte. Dies wird der Abschluß
dieser kurzen Geschichte vom Prozeß und Tod des Sokrates sein.

Schlußfolgerung

Der Prozeß und der Tod des Sokrates in ihrer geschichtlichen Tragweite

Der Tod des Sokrates ist ein entscheidendes Ereignis in der Geschichte der westlichen Zivilisation. Das Bild des Weisen, welcher der Intoleranz der Menschen zum Opfer fiel, aber durch seinen Mut und seine Gelassenheit vor dem Tod die Bewunderung auf sich zieht, ist zu einem *Topos* geworden, dessen exemplarischem Charakter auch fünfundzwanzig Jahrhunderte nichts anhaben konnten. Man muß sich dennoch am Ende dieses Versuchs, den durch die Stadt Athen gegen den Philosophen angestrengten Prozeß in seinem historischen Kontext zu verorten, fragen, welchen Platz er in der Geschichte der Stadt einnahm und welches die Konsequenzen dieses Prozesses für die Zukunft der Demokratie waren. Außerdem muß man fragen, warum und wie er über Jahrhunderte hinweg und noch heute seinen exemplarischen Charakter behalten konnte.

Athen und der Tod des Sokrates

Welche Wirkung auf die öffentliche Meinung Athens hatten der Prozeß und der Tod des Sokrates, die in so bewundernswerter Weise durch Platon und mit so viel Ehrfurcht durch Xenophon geschildert worden waren? Es ist nicht leicht, eine solche Frage zu beantworten, gab es doch in der Welt von damals noch nicht das, was wir heute die *Medien* nennen. Allein zwei Arten von Einrichtungen können uns eine Idee von den Reaktionen des Volkes liefern: einerseits das Theater, und in besonderer Weise die Komödie, die ein breites Publikum ansprach und, wie wir am Beispiel des Aristophanes gesehen haben, jene Meinungen kolportierte, welche von den meisten geteilt wurden; andererseits politische Reden und Gerichtsreden, weil sie genau das ins Spiel brachten, was für die breite Meinungsbildung ausschlaggebend wurde, und weil auch sie für das versammelte Volk bestimmt waren. Nun ist es allerdings frappierend, festzustellen, daß weder die eine noch die andere der beiden Informationsquellen über den Zustand der öffentlichen Meinung den Prozeß des Sokrates erwähnen. Hätten wir nicht das doppelte Zeugnis des Platon und des Xenophon, wüßten wir nicht einmal, daß Sokrates den Schierlingsbecher trinken mußte. Aristophanes, der ihn zur Hauptperson seiner Komödie *Die Wolken* gemacht und dazu beigetragen hatte, ihn in der öffentlichen Meinung Athens lächerlich zu machen, gibt darauf in *Die Weibervolksversammlung* und im *Plutos*, seinem letzten Stück, die nach dem Tod des Philosophen aufgeführt wurden, keinerlei Hinweis. Auch Lysias, der zu seinen Vertrauten zählte, spricht in seinen Reden, die er in den neunziger Jahren verfaßt hatte, nicht davon, wie übrigens auch nicht Andokides, obwohl er eng in die Ereignisse der letzten Jahrzehnte des 5. Jahrhunderts verstrickt war, oder auch Isokrates, der einer seiner Schüler gewesen sein soll. Selbst Xenophon erwähnt es in seiner *Hellenika* nicht, wenn er über die Ereignisse aus dem Jahre 399 berichtet. Er interessiert sich allerdings auch mehr für die Beziehungen zwischen den Städten und für die Politik Spartas als für die inneren Angelegenheiten von Athen. Die Bestätigung des Diogenes Laertius, nach dem „*kaum daß Sokrates tot gewesen sei, es die Athener gereut hätte, sie die Palästren und die Gymnasien schlossen und die Ankläger des Sokrates verurteilten, die einen zum Exil und Meletos zum Tode*" (II, 43), ist mehr als zweifelhaft: Es scheint, daß vor allem Anytos auch nach dem Tod des Sokrates weiterhin eine politische Rolle spielte. Offensichtlich sorgte die Angelegenheit nur in intellektuellen Kreisen, also unter den Schülern oder Gegnern, die näher oder nur entfernt mit Sokrates zu tun hatten, für einige Aufregung. Noch sechs Jahre nach dem Tod des Philosophen veröffentlichte Polykrates eine *Kategoria Sokratous*, eine Anklage gegen Sokrates, in der er sich die durch Meletos, Anytos und Lykon formulierten Hauptanklagepunkte gegen den Philosophen zu eigen machte, sie aber darüber hinaus mit einer dezidiert politischen Note versah, klagte er doch Sokrates dafür an, der Lehrmeister des Alkibiades und des Kritias gewesen zu sein und, wie er aus dieser Tatsache schloß, seine Schüler die Verachtung der Gesetze gelehrt und in ihnen starke Vorbehalte gegenüber der Demokratie geweckt zu haben. Muß man also den Tod des Sokrates nur als eine nebensächliche Episode in der Geschichte Athens betrachten, die nur der Beweis für die Intoleranz der athenischen Demokratie gegen einen freien Geist wäre? So einfach liegen die Dinge nicht. Was wir im Vorausgegangenen gesagt hatten, hat zur Genüge bewiesen, daß der gegen Sokrates angestrengte Prozeß, auch wenn dies ein Prozeß gegen Gottlosigkeit war, durchaus eine politische Dimension hatte. Dies liegt im wesentlichen daran, und das gilt es zu erinnern, daß diese politische Dimension mit der klassischen griechischen Zivilisation zu tun hatte. Allzuoft wird vergessen, daß der Grieche ein „politisches Wesen" ist, um die berühmte Formulierung des Aristoteles aufzunehmen, ein Mensch, der sich in erster Linie durch seine Zugehörigkeit zur *polis* definiert, zur Stadt, und durch die Teilhabe an dieser Stadt in der Ausübung seiner Fähigkeit zu urteilen und zu entscheiden. Es ist daher kein Zufall, wenn diese politische Dimension ebensosehr im Theater wie in der Philosophie und der Dichtung spürbar ist. Es handelt sich dabei nicht, wie bisweilen fälschlich und im Hinblick auf das Beispiel des Aristophanes oder der Anstrengungen zeitgenössischer Intellektueller behauptet wird, um eine *„engagierte Literatur"*, der eine *„universelle"* Dimension der Kunst oder des Denkens gegenüberstünde. In der Welt griechischer Städte zur Zeit ihrer Blüte ist alles Politik, nicht nur Literatur und Kunst, sondern auch die Religion, die Philosophie und die wissenschaftliche Reflexion. Die Stadt ist der Ort, an dem die unterschiedlichen Lebensbereiche aufeinandertreffen und sich gegenseitig beeinflussen. Es gibt nichts, was sich ihr zu entziehen vermag. Darum ist der Prozeß des Sokrates ein politischer Prozeß: Die Jugend zu verführen heißt, den Fortbestand der bürgerlichen Gesellschaft zu gefährden, heißt, Keime der Dekadenz in das Ganze des Systems hineinzulegen; die Götter der Stadt nicht zu ehren heißt, die zwischen den Göttern der Stadt und den Menschen etablierte Ordnung zu bedrohen, die Aufteilung, welche durch die Opferzeremonie, der die höchsten Autoritäten der Stadt vorstanden, stets erneuert wurde. Athen ist folglich die politische Stadt par excellence, weil die Demokratie hier jedem Mitglied der bürgerlichen Gemeinschaft erlaubt, seine Macht des Urteils und der Entscheidung auszuüben. Darum durchdringt hier mehr als anderswo das Politische jede Form des Denkens, und jede ist darum mit ihm verknüpft. Und doch handelt es sich dabei nicht, wie bisweilen gesagt wurde, um einen Totalitarismus, denn es gibt keinen Staat, der sich von der nationalen Gemeinschaft unterschiede, der am Ursprung allen Denkens läge oder welcher der alleinige Wächter der offiziellen Ideologie wäre. Es handelt sich um etwas ganz anderes, von dem ohne Zweifel Sokrates mehr als jeder andere ein Bewußtsein hatte, wenn er wirklich die personifizierte Rede über die Gesetze aus dem *Kriton* gedichtet hat, aber von dem er vielleicht auch gerade deswegen ein Bewußtsein hatte, weil diese Entsprechung zwischen dem Politischen und all den Manifestationen des realen Lebens in Frage gestellt zu werden begann. Zuvor, d. h. in der Epoche einer strahlenden Stadt, dachte niemand daran, dies auszusprechen, so sehr war dies wesentlicher Bestandteil der Erfahrung eines jeden.

Gerade auch deswegen konnte die Bewegung der Sophisten eine wesentliche Rolle spielen: Indem sie in den Gesetzen nicht länger die von den Göttern gewollte unantastbare Ordnung sahen, sondern eine menschliche Konstruktion, in der unterschiedliche Interessen zum Vorschein kamen, haben die Sophisten die politische Realität bloßgestellt und ihr eine Ordnung der Natur entgegengesetzt, die sich ihr bestenfalls entzog, schlimmstenfalls widersetzte. Diese radikale Kritik verband sich mit den verheerenden Folgen des Peloponnesischen Krieges und stellte so auf doppelte Weise die athenische Demokratie in Frage. Von daher versteht man besser, daß die Männer, die sie, nachdem sie wiederhergestellt war, regierten, den inneren Zusammenhalt des Systems neu begründen und die zersplitterte Einheit wieder zusammenfügen wollten: deswegen der Prozeß wegen Gottlosigkeit, das erneute Inkrafttreten des Dekrets des Perikles über die Staatsbürgerschaft und die Weigerung, jene unter den Metöken wieder in die Stadt zu lassen, die, wie Lysias, doch an der Wiederherstellung der Demokratie mitgearbeitet hatten. Daher auch eine Erneuerung der Gesetze etc., die die ersten Jahre des 4. Jahrhunderts prägte, und die ebenso wie der Versuch, die athenische

Hegemonie im Ägäischen Meer wiederherzustellen, etwas von der Geisteshaltung widerspiegelt, von der die Führer der Stadt zu jener Zeit geprägt waren.

Ein solcher Versuch mußte allerdings scheitern. Denn zu viele Dinge waren durch den Krieg in die Brüche gegangen und sollten sich nie wieder einrichten lassen. Wenn es tatsächlich im 4. Jahrhundert eine „Krise" gab, dann drückte sie sich zuerst und vor allem in diesem Bruch der Einheit aus. Nie zuvor wurden die politischen Konflikte mit einer solchen Schärfe ausgetragen, und trotzdem hörte das Politische auf, alle Äußerungen des realen Lebens zu durchdringen. Um sich davon zu überzeugen, genügt es, an das Theater zu denken. Es gab nach Euripides keine großen tragischen Dichter mehr, und aus der Komödie wurde eine Sittenkomödie mit Dichtern der Mittleren Komödie und vor allem mit Meander. Aber, und hier gewinnt der Tod des Sokrates seine eigentliche Bedeutung, selbst die Philosophie hörte auf, politisch zu sein. Gewiß, die Stadt steht immer im Zentrum der Reflexion von Platon und Aristoteles. Aber der wirklichen Stadt, die durch innere Kämpfe zerrissen war, stellen sie die ideale Stadt gegenüber, eine Stadt, in welcher die vom Gesetzgeber geschaffene Ordnung die politische Debatte, welche das Herzstück des Politischen überhaupt ausmacht, zum Verschwinden bringen wird. In diesem Sinne konnte man zu Recht sagen, daß die Stadt der Gesetze, so wie sie von Platon vorgestellt wird, ein totalitärer Staat ist. Daran läßt sich gut erkennen, wie weit man doch von der tatsächlichen Einheit entfernt ist, wie sie noch bestand, als die Demokratie in Blüte stand.

Doch diese „Entpolitisierung" der Äußerungen des intellektuellen Lebens war nicht Ausdruck einer allgemeinen Entpolitisierung, welche die Bürger vom politischen Leben und den Debatten wegführte, diese den professionellen Rednern und all denen überließ, die mit den wachsenden technischen Problemen zu kämpfen hatten, welche mit der Notwendigkeit in den Vordergrund rückten, die Versorgung der Stadt und ihre Verteidigung zu sichern. Beschränken wir uns darauf, lediglich einige der markantesten Züge der neuen Bedingungen anzuführen, die das politische Leben im Athen des 4. Jahrhunderts bestimmten. Die Einführung eines *misthos ecclesiasticos*, eines Gehalts, mit dem die Anwesenheit bei den Sitzungen der Volksversammlung vergütet wurde, ist vielleicht das sprechendste Zeugnis dieser Entpolitisierung. Sein Ziel war es, all jene wieder für die Versammlung zurückzugewinnen, die sich von ihr abwandten – also gegen das Nichterscheinen zu kämpfen. Niemals zuvor, weder zur Zeit des Perikles noch während des Peloponnesischen Krieges, war es nötig gewesen, jene zu bezahlen, die sich aus eigenem Entschluß in die *ecclesia* begaben, wo sie ihre souveräne Macht ausübten. Was man auch zuweilen über die Apathie des athenischen *demos* sagen können mag, der nichts anderes getan hätte, als seinen schlechten Hirten, den Demagogen, zu folgen, so ließen sich, wäre der *demos* wirklich so passiv gewesen, die Angriffe der Gegner der Demokratie doch nur schlecht erklären. Sich in regelmäßigen Zeitabständen zu versammeln, um sich über die Angelegenheiten der Stadt kundig zu machen, war integrierender Bestandteil dessen, was einen Bürger auszeichnete. Als die Oligarchen zweimal versuchten, dem *demos* dieses Recht zu nehmen, stießen sie auf den Widerstand des Volkes. Es ist daher wichtig zu begreifen, warum der *demos*, kaum daß er diese Souveränität zurückgewonnen hatte, sich der Gelegenheiten beraubte, sie auszuüben. Die Alten erklärten diesen Verzicht durch die Tatsache, daß sich die Athener von nun an mehr für die privaten Angelegenheiten als für die Stadt interessierten. Dies muß in zweifacher Hinsicht verstanden werden. Zum einen waren jene, die vom Elend des Krieges gedrückt waren, zu sehr von der Notwendigkeit eingenommen, sich die tägliche Nahrung zu besorgen, als daß sie sich für das Leben der Stadt interessieren konnten. Die Einführung des *misthos* genügte sicherlich nicht, sie mit dem Notwendigsten zu versorgen. Aber in Verbindung mit dem *theorikon*, der Zulage, die ausbezahlt wurde, um es auch den Ärmsten zu erlauben, ihren Eintritt fürs Theater bezahlen zu können, stellte er eine finanzielle Unterstützung dar, die es ermöglichte, dem Elend zu entgehen. Doch es waren nicht allein die Armen, die ihr Desinteresse für die Angelegenheiten der Stadt bekundeten; der Vorrang, der den Privatangelegenheiten eingeräumt wurde, gewinnt noch einen anderen Aspekt, wenn man das Wenige, das wir über das ökonomische Leben im Athen des 4. Jahrhunderts wissen, etwas genauer untersucht. Was in der Tat verblüfft, ist, abgesehen von der Armut der Mehrheit, der wachsende Reichtum einiger weniger. Natürlich hatte es immer Reiche und Arme in Athen gegeben. Aber die Reichen gehörten zu jener alten Aristokratie, welche die besten Ländereien besaß und von ihren Einkünften lebte. Wir haben gesehen, daß bereits im letzten Drittel des 5. Jahrhunderts neue Formen des Reichtums auftraten, die mit dem Handwerk und dem Bergbau zusammenhingen. Im 4. Jahrhundert bildeten die ehemaligen und die neuen Reichen nur noch eine Klasse, häufig geeint durch eheliche Bindungen, die den Einkünften aus ihren eigenen Ländereien noch jene hinzufügten, die sie aus dem Verdienst der Pachtverträge über Sklaven und dem Verleih von Schiffen gewannen. Im *Oikonomikos* des Xenophon spricht der reiche Besitzer Ischomachos, der Gesprächspartner des Sokrates, die Spekulationen seines Vaters an, der aus „Liebe zur Landwirtschaft" brachliegende Äcker aufkaufte, sie bestellte und dann wieder verkaufte, was ihm von Sokrates die ironische Bemerkung einbringt, daß sein Vater wohl *„von Natur aus Freude an der Land-wirtschaft hatte, nicht weniger als die Kaufleute Freude am Getreide haben. Denn auch Kaufleute fahren aus leidenschaftlicher Liebe zum Getreide ihm dorthin nach, wo es – wie sie hören – am meisten geben soll, und sie durchqueren dabei das Ägäische, das Schwarze und das Sizilische Meer. Dann kaufen sie, soviel sie be-kommen können, und bringen es über das Meer, und sie haben es in das Schiff geladen, in dem sie selbst fahren. Und wenn sie Geld brauchen, verkaufen sie es nicht auf gut Glück, wo sie gerade sind, sondern wo nach ihrer Information das Getreide am höchsten in Kurs steht und wo die Menschen am meisten dafür zahlen, da bringen sie es hin und denen geben sie es. Auch dein Vater scheint etwa in diesem Sinne Freude an der Land-wirtschaft gehabt zu haben“* (Oikonomikos, XX, 27–28). Die reichen Athener fuhren selten selbst zur See, son-dern betrieben Schiffsverleih und zogen aus diesen Ge-schäften ansehnliche Gewinne. Alle Autoren kommen darin überein, im 4. Jahrhundert die Entwicklung zu un-terstreichen, die der private Luxus bei diesen Leuten ge-nommen hatte und bei denen der Hang zum Profit dazu neigte, über die Interessen der Stadt zu triumphieren. Die im 4. Jahrhundert zunehmende Zahl an Prozessen, die mit Tauschhandel, *antidosis*, zu tun hatten, zeugt davon, daß die Reichen darüber hinaus versuchten, sich den hohen Kosten zu entziehen, die auf ihnen lasteten, daß also die Leiturgien, d. h. die Leistungen für das Ge-meinwesen, ihnen zu lästigen Verpflichtungen gewor-den waren. Es versteht sich von selbst, daß die Einfüh-rung des *misthos ecclesiasticos* für sie kein Anreiz sein konnte, sich für die Angelegenheiten der Stadt zu inter-essieren. Das Theater am Ende des 4. Jahrhunderts, und besonders das Theater des Meander, zeugt von dieser „Politikverdrossenheit" der reichen „Bourgeois", die in vielen damaligen Stücken thematisiert wird. Sicher muß man sich davor hüten, diesem Desinteresse eine zu große Bedeutung beizumessen. Die Demokratie sollte das ganze Jahrhundert hindurch weiter funktionieren, bis der makedonische General Antipatros im Jahre 322 eine auf dem Zensus beruhende Verfassung durchsetzte. Aber die großen politischen Debatten spielten sich häufiger vor den Gerichten als vor der Versammlung ab, zwischen den berufsmäßigen Rednern, die sich zugleich als Verteidiger des Volkes verstanden und die sich eher über Fragen außenpolitischer Allianzen als über innenpolitische Themen stritten. Der Antagonismus zwischen den Reichen und den Armen erwachte immer nur dann, wenn eine *eisphora*, eine außerplanmäßige Steuer, genehmigt oder über eine teure Expedition entschieden werden mußte.

Wir haben uns anscheinend weit von Sokrates und seinem Prozeß entfernt. Und dennoch müssen wir noch einmal darauf zurückkommen. Sokrates war Zeitzeuge der Umwälzungen, denen Athen in den letzten Jahrzehnten des 5. Jahrhunderts ausgesetzt war. Auch wenn er den Sophisten gegenüber mißtrauisch war und ihnen Gewinnsucht und Krämergeist vorwarf, so fühlte er sich dennoch von der kritischen Haltung ihrer Lehre angezogen. Die Sophisten proklamierten die Relativität allen Wissens. Nach Ansicht des Sokrates lag die größte Gefahr darin, sich einzubilden, das zu wissen, was man nicht wußte. Zwischen beiden Auffassungen bestand eine gewisse Übereinstimmung hinsichtlich der Infragestellung der verbindlichen Meinungen, wie sie in der Mehrheit der Bevölkerung kursierten. Von daher ist es kein Zufall, daß sich dieselben Männer zugleich von der Lehre der Sophisten wie von der des Sokrates angezogen fühlten und daß Aristophanes sie vermischen und Sokrates zu dem Sophisten schlechthin machen konnte. Und es ist auch kein Zufall, daß einige dieser Männer zweimal versuchen sollten, die Demokratie abzuschaffen. Sokrates war nicht ihr Komplize, und er hat sich auch nicht den ungesetzlichen Entscheidungen unterworfen, die während der letzten Jahre des Jahrhunderts von einer sich in der Krise befindlichen Demokratie getroffen wurden. Doch sein Verhalten während des Prozesses und vor allem die Annahme des Urteils bezeugen genügend, daß er sich der doppelten Gefahr bewußt war, welche einerseits die Infragestellung der Gesetze und anderseits der Rückzug in einen starren Traditionalismus darstellte. Sein Tod bot diesbezüglich keine Lösung. Aber so wie er das Ende einer Epoche symbolisiert, so kündigt er zugleich das Ende dieser demokratischen Stadt an, die im 5. Jahrhundert die griechische Welt beherrscht hatte.

Edouard Will läßt sein schönes Buch über das 5. Jahrhundert mit dem Prozeß des Sokrates enden. Ich schließe mich seiner Schlußfolgerung an: *„... der Tod des Sokrates, der sich als ein Grund unter anderen in die Abneigung des öffentlichen Lebens einreihte, drängt den Philosophen von den öffentlichen Plätzen zurück in den Elfenbeinturm des Denkers, in dem Platon, ungetreu dem Bürger Sokrates aus der* Apologie *und dem* Kriton, *seine ideale Stadt errichten und also darauf verzichten wird, die wirkliche Stadt umzugestalten. Das brutale Ende, das der ausgedehnten Ouvertüre für das sokratische Denken bereitet wurde – wobei dieses außerhalb des offenen und toleranten Milieus, als welches sich das Athen vor der Katastrophe darbot, unbegreiflich bleiben mußte –, ist kein isoliertes Phänomen. Athen tötet Sokrates zur selben Zeit, in der die Tragödie stirbt, in der die kaum zum Leben erwachte rationalistische Geschichtsschreibung wieder erlischt, in der Platon,*

149

gegen den relativistischen und agnostischen Rationalis-
mus der Sophisten ankämpfend, sich anschickt, dem de-
mokratischen Konformismus des Vaterlandes den er-
drückenden Konformismus seines politisch-totalitären
Ideals entgegenzustellen. Die ‚Schule von Griechenland'
hat ihre Pforten noch nicht geschlossen, doch das Licht
in ihr ist bereits schwächer geworden: man wird in ihr
weiterhin lehren, frei zu leben und zu sterben – aber
nicht mehr, auf freie Weise zu denken" (Le monde grec
et l'Orient. I. Le Vème siècle, S. 684–685).

Unbestreitbar sollte dieser Aspekt seiner Verurteilung zum Tode – der gegen einen anders denkenden
Menschen angestrengte Prozeß – der Person des Sokrates
seine Ausnahmestellung im Gedächtnis der Menschen
verleihen, und zwar mehr noch als seine Lehre, die letztlich doch mit der des Platon vermischt wurde.

Der Mythos des Sokrates in seiner Entwicklung

Wir haben schon gesagt, daß der Tod des Sokrates die öffentliche Meinung Athens nicht besonders bewegt
hatte. Nicht, daß sie darin das gerechte Urteil gegen einen Feind der Demokratie gesehen hätte, sondern weil
solche Prozesse gängige Praxis waren und sich als eine
der Manifestationen der Souveränität des *demos* in das
politische Leben der Stadt selbst einschrieben. Es waren
die Schüler, Xenophon und vor allem Platon, die diesem
Tod einen exemplarischen Charakter verleihen sollten,
nicht nur, um den Mut ihres Lehrmeisters zu würdigen,
sondern auch, um ihn zu einem Symbol für die durch
das unwissende Volk begangenen Ungerechtigkeiten zu
stilisieren. Über Jahrhunderte hinweg sollte also der Prozeß des Sokrates als Vorwand dafür dienen, die Demokratie zu kritisieren und zu denunzieren. In einem

schon älteren Artikel, der überschrieben ist mit ‚Socrates and Athens‘ (*Aspects of Antiquity*, London, Chatto & Windus, 1968), hatte der große englische Historiker Moses Finley diesen Mythos eines Sokrates, welcher Opfer der Demokratie geworden sei, richtiggestellt. Indem er die Tatsache hervorhob, daß Platon, der erbitterte Feind eben dieser Demokratie, bis zu seinem Tod in ihr frei hatte leben und lehren können, legte er Nachdruck auf die besonderen Umstände, auf den fast zufälligen Aspekt des Prozesses, der untrennbar mit dem Gesamtkontext verknüpft war, den wir zu beleuchten versucht haben. Aber Mythen haben ein langes Leben, und das Bild eines Sokrates, welcher der Intoleranz des Volkes zum Opfer gefallen sei, sollte sich lange halten.

Zunächst, wie man sich denken kann, in der Antike. Man wundert sich nicht, daß Cicero, der als großer Leser des Platon sich dessen Anschuldigungen zu eigen macht, die athenischen Richter als *„Halunken“* bezeichnet. Mark Aurel, Kaiser und Philosoph, sieht in Sokrates nicht weniger ein Opfer des „Gesindels“, auch wenn er ihm gegenüber eine gewisse Zurückhaltung bewahrt. Sokrates wird zum Modellfall des Weisen, der durch die blinde Masse verfolgt wird, und noch Nietzsche wird im 19. Jahrhundert so reden, wenn er ihm vorwirft, in das ungerechte Urteil seiner Mitbürger eingewilligt und letztlich nicht die Partei des Kallikles ergriffen zu haben.

Wenngleich das Mittelalter für Sokrates, den heidnischen Heros, nur ein begrenztes Interesse hatte, obwohl sich bei gewissen Kirchenvätern eine Lobrede auf seine Weisheit findet und beim heiligen Augustinus gar zum ersten Mal von einem Sokrates die Rede ist, der die Existenz des einen, wahren Gottes erahnt hätte, so zeichnet sich seit der Renaissance zunehmend das Bild eines freien Geistes ab, der zum Opfer von Intoleranz, vor allem der religiösen Intoleranz wurde. Zu dem Zeitpunkt, als man die Griechen und Römer wiederentdeckt, wo sich aber auch ein kritisches Denken zu entwickeln beginnt, das all denen, die es verteidigen, die Verfolgung durch die Kirche einbringt, erscheint Sokrates ein wenig als der Vorfahre jener Männer, die, um der Wahrheit willen, nicht zögern, sich dem Tod auszusetzen: Galilei etwa, und mehr noch Giordano Bruno. Man entdeckt in Sokrates den Philosophen wieder, der jede Meinung einer kritischen Überprüfung unterzieht. Rabelais spricht von ihm als einem Mann *„mit göttlichem Wissen"*, Montaigne verehrt *„die Seele des Sokrates, die die vollkommenste ist, von der wir jemals Kenntnis erlangt haben"*. Erasmus nennt ihn *„dieses große Licht der Philosophie"*.

Auch darf man sich nicht wundern, daß Sokrates im 18. Jahrhundert, dem Jahrhundert der Aufklärung, zum Heros im Kampf gegen die Intoleranz wurde. Und weil diese Intoleranz in erster Linie die der Kirche ist, wird der athenische Philosoph von den Philosophen der Enzyklopädie zum Vorbild genommen. Er wird zu einem Symbol, und jeder träumt davon, sich mit ihm zu identifizieren. Der Reihe nach verstehen sich Voltaire, Diderot und Rousseau als neuer Sokrates, der der Verfolgung ausgesetzt ist, auch wenn das Bild, das sie von dem athenischen Philosophen zeichnen, je nach den Bedürfnissen der Umstände manchmal entstellt ist. Für Voltaire zum Beispiel ist Sokrates in erster Linie Opfer des Fanatismus, und sein Tod macht ihn zum Märtyrer dieser neuen Religion namens Philosophie. 1759 schreibt Voltaire ein Stück in drei Akten mit dem Titel ,Der Tod des Sokrates'. Er nimmt sich dabei in bezug auf die Geschichte Freiheiten heraus, die Aufschluß geben über sein eigenes Anliegen: Anytos ist zu einem Oberpriester geworden, und weil Sokrates ihm seine Adoptivtochter verweigert hat, rächt er sich an ihm und läßt ihn zum Tod verurteilen. Doch wird das athenische Volk seinerseits diesen Tod rächen und Anytos vertreiben. Man kennt überdies zumindest vier weitere zeitgenössische Tragödien über dasselbe Thema, davon jene, die Brillardin de Sauvigny am 9. Mai 1763 aufführen ließ: Auch hier läßt Anytos, der Oberpriester, den Sokrates, der angeklagt ist, die Macht des Klerus zu untergraben, durch den Areopag zum Tod verurteilen, und auch hier erhebt sich schließlich das athenische Volk gegen die bösen Priester. In diesem Theaterstück, das trotz seiner minderwertigen Qualität Aufschluß gibt über den Zeitgeist, erscheint Sokrates also als der Weise, der gegen den Götzendienst ankämpft und schließlich damit endet, daß er dem durch die Priester verblendeten Volk die Augen öffnet. Condorcet drückte denselben Gedanken nüchterner aus, als er schrieb: *„Der Tod des Sokrates ist ein wichtiges Ereignis in der Menschheitsgeschichte; er war das erste Verbrechen, welches den Krieg zwischen der Philosophie und dem Aberglauben ankündigte, und dieser Krieg dauert noch unter uns an wie jener, den dieselbe Philosophie gegen die Unterdrücker der Menschlichkeit führt"*.

Diderot und Rousseau machten sich ebenso daran, Sokrates zu beweihräuchern und in ihm zugleich das Opfer der Intoleranz wie auch den Heros zu sehen, der die Moral, welche er den anderen predigte, in die Praxis umsetzte. In dem Artikel *Socratique* der *Enzyklopädie* läßt Diderot seinem Enthusiasmus freien Lauf: *„Oh Sokrates, auch wenn ich dir nur wenig gleiche, so läßt du mich doch vor Bewunderung und Freude weinen."* Wegen seines *Briefs über die Blinden* in Vincennes gefangengesetzt, fühlt er sich dem Gefangenen der Elfmänner nahe, auch wenn seine Angelegenheit für ihn glücklicherweise besser ausgeht. Was Rousseau betrifft, den

Hume „*unseren modernen Sokrates*" nannte, so war dieser weniger für die befreiende Wirkung der ihm kaum bekannten Philosophie des Atheners empfänglich als vielmehr für sein heroisches Ende. Und was die Parallelen angeht, die gewisse Leute gern zwischen dem Tod des Sokrates und dem Tod Christi ziehen wollten, so sah Rousseau im Gegensatz dazu nur die Unterschiede: „*Wie voreingenommen und verblendet muß man doch sein, um den Sohn des Sophroniskos mit dem Sohn der Maria zu vergleichen. Was für ein Unterschied zwischen dem einen und dem anderen. Sokrates starb ohne Schmerz und ohne Schmach, bewahrte bis zum Ende seine Haltung. Und hätte dieser leichte Tod nicht seinem Leben alle Ehre gemacht, hätte man daran zweifeln können, ob Sokrates, in seiner ganzen Geisteshaltung, wirklich etwas anderes gewesen ist als ein Sophist ... Ja, wenn Leben und Tod des Sokrates die eines Weisen sind, so sind Leben und Tod Jesu die eines Gottes.*"

Überfliegt man nur einen geringen Teil derjenigen Werke, die seit Beginn des 20. Jahrhunderts Sokrates gewidmet wurden, so stellt man fest, daß der Mythos immer noch lebendig ist: der Mythos von Sokrates als dem Verehrer eines einzigen Gottes, dessen Tod den des Christus ankündigt; der Mythos von Sokrates als dem Opfer der unwissenden Volksmenge; schließlich der Mythos von Sokrates, der dem Totalitarismus der Stadt zum Opfer fiel. Nicht zufällig wurde vielleicht im 20. Jahrhundert, das Zeuge dessen war, wie Bücher verbrannt, Gelehrte eingesperrt und diejenigen zum Tode verurteilt oder ins Exil getrieben wurden, die nicht der Norm entsprechend dachten, der Mythos von Sokrates in besonderem Maße mit Bedeutungen aufgeladen, eines Sokrates, dessen Prozeß man als Prototyp all jener Prozesse ansehen wollte, die, fast überall auf der Welt, gegen die Abweichler angestrengt wurden.

Der Historiker ist es sich schuldig, auf solche Vermischungen zu verzichten. Athen war weder das Frankreich des 18. Jahrhunderts noch das Deutschland, das Rußland oder der Iran des 20. Jahrhunderts. Es gab dort keine „offizielle Ideologie", der sich Sokrates unter Androhung der Vertreibung oder der Todesstrafe hätte unterwerfen müssen. Selbst die Begriffe der Toleranz oder Intoleranz machten dort keinen Sinn. Im Jahre 399 hatte Athen vielmehr einen verheerenden Krieg hinter sich, eine schwere politische Krise. Es mußte sein Gleichgewicht wiederfinden, und jede Bedrohung, die dieses in Gefahr bringen konnte, mußte abgewendet werden. Man muß sich auch vor Augen halten, wie das athenische Rechtswesen beschaffen war: eine vom Volke ausgehende Justiz, deren Urteile keine Berufung zuließen, aber wo die Todesstrafe in dem Maße schneller verhängt wurde, in dem diejenigen, die verurteilt wurden, meist tausend Mittel hatten, ihrer Strafe zu entgehen. Wir werden niemals wissen, warum Sokrates sich weigerte, auf diese Mittel zurückzugreifen, es sei denn, er hätte tatsächlich einer bestimmten Idee der Stadt treu bleiben wollen, wofür ihm vielleicht am meisten Ehre gebührt. Was den Philosophen Sokrates betrifft, so müssen wir uns damit abfinden, sein wahres Denken niemals zu kennen. Im Gegensatz dazu wird Sokrates als Mensch, sofern er von allen Legenden befreit ist, die seine Schüler und die Nachwelt um ihn gerankt haben, auf paradoxe Weise das Symbol für die Größe der Zivilisation bleiben, die in der athenischen Demokratie ihre Geburtsstunde hatte.

Zeittafel

469   Geburt des Sokrates
462–461 Reformen des Ephialtes
456   Tod des Aischylos
447–438 Bau des Parthenons
431   Beginn des Peloponnesischen Krieges
429   Tod des Perikles. Geburt Platons
428–427 Geburt des Xenophon
427   Erster Aufenthalt des Gorgias in Athen
424   Schlacht bei Delion
423   Aufführung der *Wolken* des Aristophanes
421   Frieden des Nikias
415   Hermokopidenfrevel. Beginn der sizilischen Expedition. Flucht des Alkibiades
413   Katastrophe von Sizilien. Belagerung von Dekeleia durch die Spartaner
411   Oligarchische Revolution der Vierhundert
407   Rückkehr des Alkibiades nach Athen
406   Schlacht und Prozeß der Arginusen
405   Niederlage bei Aigos Potamoi
404   Oligarchische Revolution der Dreißig
403   Restauration der Demokratie in Athen
399   Prozeß und Tod des Sokrates

Quellen und Bibliographie

Um zu versuchen, sich der Gestalt des Sokrates anzunähern und die Gründe für seine Verurteilung zu erhellen, haben wir diejenigen Dialoge Platons verwendet, die der Realität des historischen Sokrates am nächsten scheinen. Dies ist gewiß eine willkürliche Auswahl, ließ sich aber nicht vermeiden. An erster Stelle die *Apologie*, dann den *Kriton*, den *Phaidon*, das *Symposion* und schließlich den *Phaidros* sowie die Dialoge, in denen die großen Sophisten zu Wort kommen, *Protagoras*, *Gorgias* und die beiden *Hippias*. Die Übersetzungen, die zum Teil geringfügig modifiziert wurden, folgen der gängigen *Schleiermacher-Ausgabe* im *Rowohlt-Taschenbuchverlag*.

Die *Wolken* des Aristophanes setzen einen possenhaften Sokrates in Szene. Die zitierten Passagen basieren auf der Übersetzung von Ludwig Seeger in der Ausgabe des *Artemis-Verlages*.

Schließlich enthält jenes Kapitel, das Diogenes Laertius im zweiten Buch seines Werkes *Leben und Meinungen berühmter Philosophen*, Hamburg: Meiner 1998, Sokrates widmet, einige Zitate von Komödiendichtern sowie manche Anekdote über Sokrates und seine bedeutendsten Schüler.

Die zitierten Stellen aus Thukydides' *Geschichte des Peloponnesischen Krieges* folgen der Artemis-Ausgabe (Zürich ²1976).

Bibliographie*

Athen und die griechische Welt zur Zeit des Sokrates
Über den historischen Kontext:

E. Will, *Le monde grec et l'Orient, tome I, Le Vème siècle*, Paris 1972

Ch. Meier, *Athen. Ein Neubeginn der Weltgeschichte*, Berlin 1993*

W. Schuller, *Griechische Geschichte*, München [4]1995*

C. Mossé, *Athen: Geschichte einer Demokratie*, München 1997

Über die athenische Demokratie und ihre Funktionsweise:

J. W. Roberts, *City of Sokrates. An Introduction to Classical Athens*, London 1984

M. I. Finley, *Das politische Leben in der antiken Welt*, München 1986

J. Bleicken, *Die athenische Demokratie*, Paderborn [4]1995*

Über das Verhältnis zwischen Sokrates und Athen:

M. I. Finley, „Socrates and Athens", in: *Aspects of Antiquity*, London 1968, S. 58–72

M. I. Finley, *Antike und moderne Demokratie*, Stuttgart 1987

Über die sophistische Bewegung:

J. P. Dumonz, *Les sophistes, fragments et témoignages*, Paris 1969

C. J. Classen (Hg.): *Sophistik*, Darmstadt 1976*

G. B. Kerferd, *The Sophistic Movement*, Cambridge 1981

B. Taureck, *Die Sophisten zur Einführung*, Hamburg 1995*

---

* Die Literaturempfehlungen von Frau Professorin Mossé wurden von den Übersetzern um einige Titel ergänzt, die mit einem * gekennzeichnet sind.

Sokrates

Über Sokrates und die sokratische Bewegung gibt es bereits eine beachtliche Bibliographie. Wir werden uns darauf beschränken, einige neuere Publikationen anzuführen.

V. de Magalhaes Vilhena, *Le problème de Socrate. Le Socrate historique et le Socrate de Platon*, Paris 1952

G. Nebel, *Sokrates*, Stuttgart 1969

E. Callot, *La doctrine de Socrate*, Paris 1970

W. K. C. Guthrie, *Socrates*, Cambridge 1971

M. Montuori, *Socrate. Fisiologia di un mito*, Florenz 1974

F. Adorno, *Introduzione a Socrate*, Bari 1978

A. F. Blum, *Sokrates. The Original and its Image*, London 1978

R. E. Allen, *Socrates and Legal Obligation*, Minneapolis 1981

M. Montuori, *De Socrate juste damnato. The Rise of the Socratic Problem in the eighteenth Century*, Amsterdam 1981

H. Maier, *Sokrates. Sein Werk und seine geschichtliche Stellung* (2. Aufl. 1913), Neudruck Aachen 1985*

F. Wolff, *Socrate*, Paris 1985

R. Guardini, *Der Tod des Sokrates: eine Interpretation der platonischen Schriften Euthyphron, Apologie, Kriton und Phaidon*, Mainz [4]1987*

G. Böhme, *Der Typ Sokrates*, Frankfurt/M. 1988*

O. Gigon, *Sokrates: sein Bild in Dichtung und Geschichte*, Tübingen [3]1994*

G. Figal, *Sokrates*, München 1995*

Ch. Taylor, *Sokrates*, Freiburg 1999*

Das sokratische Umfeld

G. Grote, *Plato and the other Companions of Sokrates*, London 1865

P. Vidal-Naquet, „La société platonicienne des dialogues. Esquisse pour une étude prosopographique", in: *Aux origines de l'Hellénisme. La Crète et la Grèce (Hommage à Henri Van Effenterre)*, Paris 1984, S. 273–293.

A. Patzer (Hg.), *Der historische Sokrates*, Darmstadt 1987*

Meisterdenker

C. C. W. Taylor
Sokrates
Band 4743

Thomas Buchheim
Aristoteles
Band 4764

Michael Bordt
Platon
Band 4761

Stillman Drake
Galilei
Band 4741

Anthony Kenny
Thomas von Aquin
Band 4744

Tom Sorell
Descartes
Band 4756

Ernstpeter Maurer
Luther
Band 4754

Richard Tuck
Hobbes
Band 4742

Roger Scruton
Kant
Band 4738

Iring Fetscher
Marx
Band 4728

Klaus Fischer
Einstein
Band 4762

Michael Tanner
Nietzsche
Band 4740

Martin Gessmann
Hegel
Band 4763

Michael Inwood
Heidegger
Band 4736

Anthony Storr
Freud
Band 4737

Anthony Stevens
C. G. Jung
Band 4759

A. C. Grayling
Wittgenstein
Band 4739

Vittorio Hösle/ C. Illies
Darwin
Band 4760

HERDER spektrum